New Mind

New Mind 01

絕不妥協 Nothing Is Impossible

Christopher Reeve ◎著
周俐玲◎譯

匡 邦 文 化

謹將此書獻給

黛娜（Dana）、馬修（Matthew）、亞歷珊卓（Alexandra）與威爾（Will），

沒有他們，任何事都不可能達成。

【推薦序二】

若不放棄，就不會失去

曾經在電影中飾演「超人」的演員克里斯多夫．李維（Christopher Reeve），多年前因騎馬意外摔傷頸椎，導致癱瘓。自意外發生時的自怨自艾，甚至企圖自殺以獲得解脫，到後來燃起求生意志，不放棄任何一次治療、復健、重新站起來的機會。如今的李維，不僅當上美國癱瘓協會理事長，為殘障者的福利發聲，而且投入各項公益活動，不斷地幫助他人。

李維的太太曾經告訴兒子，爹地的手臂以後可能都不能動了，也不能跑了，李維的兒子卻樂觀地說：「但是爹地還能微笑！」

這麼一句出自小孩口中直接、單純又天真的話語，讓人深刻感受到，在我們生活週遭，或許正有許多人和李維一樣，不論生理或心理，都有外人無法體會的苦與痛。但是，只要活著，就有希望：只要相信自己，就還是可以快樂、努力、樂觀地生活著、微笑著。

我深信，「人若不自動放棄，就不會失去」。就像受傷前的李維，在舞台上的精湛演出，擄獲鎂光燈的照射與觀眾的掌聲，受傷後的李維，卻找到另一個不同以往的表演舞台。在這裡，有他過去生命中所不曾接觸的人、事、物。和過去舞台上數不清的精采表現相較，現在的他所扮演的角色及付出的努力，同樣深具魅力、令人激賞。

不同於李維前一本著作《依然是我》，記錄自己一路走來的掙扎與省思，《絕不妥協》一書中，我們更可以看到，李維領悟到「生而為人是有價值的」真諦、以幽默釋放憤恨情緒的生活態度、重新思考生命及開啓生活新頁的活力。為人父親的他，在子女教養方面，也有了不同的見解。除此之外，他更將小愛擴展到大愛層面，為身心障礙者謀取更多的照顧與福利。

這份面對逆境勇往直前的勇氣、對生命永不放棄的熱情，每一篇章讀來，都令人動容與感佩，值得向大家推薦。

台北市長　馬英九

九十二年八月於台北

【推薦序二】

眞實世界中的眞正超人

鄭宏志

初次接觸到本書作者克里斯多夫・李維，是一九九六年我在瑞典卡洛琳斯卡學院《科學》（Science）雜誌發表「成鼠脊髓截癱後的修復——後肢部分功能復原」一文，經過一個月後，受傷多年的李維，把他的核磁共振掃描片、X光片及病例紀錄寄到我們的系上，請我和我的教授給他一些意見，他的受傷部位在頸椎第二節，是屬於相當嚴重的脊髓損傷，當時我們的建議是繼續做復健及呼吸照顧。

在我們的文章發表後，深深覺得脊髓損傷不再是一個遙不可及的神話，透過近二十年來分子生物學的快速發展，加上顯微外科技術，未來新的治療方案，必會逐漸成熟，由於我們的文章產生激勵作用，因此歐美有許多脊髓損傷團隊如雨後春筍般產生。

最近五、六年來脊髓損傷的研究，在神經醫學領域裡算是相當蓬勃的一支。李維也恰好在此風潮之中扮演了相當奇特而重要的角色，且實質上對神經再生的研究發展貢獻良多。此貢獻並非科學性的，而是以一個病人的身分現身說法，到各地去募款讓許多的企業家、富人捐款，來幫助中樞神經再生的研究，以致讓美國相關的科學家有充足的研究經費，可惜並未惠及到國外如台灣的科學家。李維也因此接掌了美國癱瘓協會的會長，現已更名為克里斯多夫・李維基金會。

第二次接觸他是四年前在紐澳良神經醫學大會中。以一個貴賓身分，在二萬名左右的聽眾期盼下，李維在聚光燈下出現，大家抱以熱烈的掌聲，隨後，他吃力地在呼吸器下長吸一口氣，吐出幾個字，逐字逐句地述說他以往受傷復健的經過，以及對神經醫學的期許。那時，在會場中的我深為動容。

人的命運真是弔詭，以往在螢幕上的超人，是美國人心目中的英雄，然而，此刻的他經過受傷後的洗禮，已蛻變成為一個真實世界中的真正超人。面對人生的殘酷考驗，只有頸部以上能轉動的他，憑著堅強的意志力，展開人生的第二春，進而變成推動脊髓損傷研究的關鍵性人物。

除了不停的演講、募款及鼓舞病人外，並支持科學家研究，李維成為一位不折不扣「絕不妥協」的英雄。以一個多年從事科學研究者而言，我由衷的祝願在將來的某一天能夠將研究的結果運用在他本人的身上，因為他是最嚴重的案例，假使有治癒他的那一天，那麼也是我們中樞神經再生能夠完全大功告成的一天。

《絕不妥協》這一書，我讀過之後有幾個感想，第一，天道無常，人的命運不可預測，在面對逆境來時許多人倒下了，李維的故事給我們一個很好的啓示，對於健康者來說，固然更應珍惜自己的身體，並且天天謝恩、禱告。對於殘障人士，李維的故事正是一種鼓舞。

李維在書中提到受傷兩年後，終於獲得內心深處的坦然接受，並且說：「我很高興自己還活著，活著不僅是義務，而是生命確有其價值。」而這種價值只有在人性極致的發揮之下，才會閃爍此種光芒。也正因這光芒的迸發，使得他更加忙碌，他說到：「現在的我比健康時的我還要忙碌，生活在復健、擔任國家失能組織副主席、寫作、導演、家人、朋友、旅行……等各項事項交錯處理當中度過，當人問起我是否會為這麼多的事務感到困擾，甚至對我深感同情，我得承認的是，每個人似乎都認為我該完成這些所有的事。」由此可見內在社會責任感驅使他勇往向前。

其次，對於這種尖端的神經再生研究，李維給予我們科學界相當正面的觀念，雖然在病人與醫生之間存在了許多期望的落差，但這幾年來他實際的經歷與體驗，李維能以比較平衡的心態來安慰人心。對於那些剛剛受傷、腦中還不時想著自殺念頭的朋友，他通常會與他們分享生命價值何在。

在李維脊髓損傷的這幾年內，投入此研究領域的科學家們不斷地探索，雖然尚未見到可以治療他突破性的發展，但至少他認為不必要、也不該輕易說出「不可能」這三個字。事實上這樣的觀念是將不可能成為可能，歸因於「時間」上的問題，這個不可能會因為新事物的發現而變成可能。我們發表在一九九六年《科學》上的文章就是在推翻以往認為不可能的論述，而從不可能到可能中間是需要長時間不斷的奮鬥，才能克竟其功。我們發表的文章在證明再生的可能性，至於要如何解決各種脊髓損傷所面臨的諸多問題，還需長時間不斷的研發，才能精益求精，達到治癒的效果。

第三，此書見證了人與人互動之間的溫馨，除了病人本身的毅力外還需家人的耐心扶持，李維有一位偉大的妻子及一些好友，以充滿幽默的方式來安慰他度過人生的低潮，進而邁向人生的另一個高峰。做為健康人的我們，是否應該反躬自省，是否能夠付出更多的耐心與作為，發揮人性的光輝來影響與造福社會。

第四，從書中我深刻體會李維積極正面的人格特質，使他在面對各種困難時總能迎刃而解、逢凶化吉、平安度過，就像他深信，總有一天他的脊髓損傷可能會好起來，會從癱瘓的噩夢中醒過來，這個腳踝自然也一路陪伴他，直到那一天的到來。他更說到在某些情況下，有一句老話說得好：「你必須假裝自己做到了，直到你真正成功為止。」

只有堅信自己能達成某個目標，成功的機率自然提高。

對於失能者而言，不妨以離開自己的家門、走出戶外，做為擴大自己舒適區域的首次嘗試；對於那些身體健全的人而言，不妨試試潛水活動，看看自己能否克服可能出現的幽閉恐懼症。身為一個臨床醫師，我的經驗告訴我，病患復健的成果絕對和這種不服輸，一定要成功的心態和作為成正比。

匡邦文化出版這本書，對於天天處在政治口水戰的台灣社會而言，不啻一帖清涼劑，促使我們反省自我，並更加努力體會生命的意義。

台北榮總 神經醫學中心 神經修復科主任

鄭宏志 博士

【自序】
心中的燭火不止息

現在是二〇〇三年五月二十七日傍晚，正是我發生墜馬意外八周年的日子。我之所以稱之為「意外」，或許意味著我並未把這件事歸咎於自己的疏忽，或怪罪於命運的安排。即使經歷這些難以言述的混亂、不公平與殘酷的情況，每天，在世界各地，我們還是看到超乎預期的小奇蹟——快樂與仁慈融合於生活中。我依然堅信，生活本來就是一團混亂，需要憑藉人類的力量，建立生活的秩序與意義。

今天，我接到許多親朋好友的電話與電子郵件，詢問我目前的情況，多數人都想知道我今天有什麼計畫，是否已經排滿活動，以免陷入沮喪的情緒中。在我受傷多年以來，首度感受到對於這次意外，親友比我自己更無法接受與難過。

今天是星期二，是上班工作的日子，就像其他日子一樣，我也開始我的一天——早上八點目送威爾上學，接著喝杯咖啡，吃了簡單的早餐後，進行長達三小時的復健工作，並安排當天的行程。

克里斯・芬提尼(Chris Fantini)是那天上午值班的助理，他先協助我進行手臂與腿部的復健運動。從一九九五年夏天，我還在復健中心時，就已經擬妥這樣的復健計畫，並一直沿用迄今。經過整晚平躺後，得靠助理協助抬高我的雙腳，減少腿部腫脹；利用支架讓我的手臂伸直；彎曲關節；或拉著我的雙臂作擴胸運動，並前後來回伸展。

我相當享受這些讓手臂與雙腿舒筋活血的動作，對於克里斯與護理人員陶莉・艾羅(Dolly Arro)以拳頭輕打胸部的動作，我也樂在其中，這些動作的目的在於協助排除睡眠時肺部積水的情況。

接下來，他們會在我的肩膀上放置電極貼布，並連上E-Stim機器，讓我從床上坐起，改坐在椅子上，讓電流刺激三頭肌、二頭肌等肌肉運動。今天進行肩部的電流刺激復健，明天就改以刺激腿部。

最後，他們還得固定呼吸器與我的喉嚨間的管線位置，再由克里斯與陶莉轉動我的身體，穿上我挑選的衣服。到了中午時分，再把我移到電動輪椅上，前往辦公室。

我踏進辦公室前，我的助理羅拉．霍金斯(Laurie Hawkins)通常已經把信件整理好了，並將待回覆的電話列表。今天也排好了例行的行程，並沒有什麼特別的地方。中午我與以色列駐美國大使及兩位領事館的代表有約，討論我在七月底訪問以色列的細節。我表示，我極有興趣拜訪當地的醫院與復健中心，更想前往探視那些因動亂而受傷的人，特別是那些脊椎損傷的患者和他們的家人。我們一致同意在台拉維夫停留較長的時日，時間許可的話，才去耶路撒冷及海法等地，拜會麥可．史瓦茲(Michal Schwartz)博士與他在文茲門科學研究中心(Weizmann Institute of Science)的同僚。

由於我對以色列有安全上的疑慮，大使建議我在當地時儘可能不要使用大眾運輸系統，或是在下午兩點左右前往人潮聚集之處。對我來說這不是問題。以色列大使離開後，我感受到以目前的情況來說，這是相當獨特的經驗與機會，體驗與美國截然不同的國家與文化。

當天兩點半左右，是工作纏身之際，我草草地吃了午餐，並趁著空檔接受雜誌的電話採訪。社會名人有權利提出議題，只要他們充份了解他們的所做所為與言行對社會帶來的影響，這是我一向的堅持。

我抬頭瞄了一眼牆上的掛鐘，時間是三點零一分，我不喜歡整天盯著時鐘看，我完全不了解那時的我為什麼會這樣做。但是，就在八年前的三點零一分，我在維吉尼亞州參加馬術跳躍比賽；三點零二分，我從馬背上跌下，跌斷了脖子、損傷了脊髓。

在我與記者對話時，我的眼前好像浮現了一連串慢動作的畫面，我看到自己穿著平常慣穿的淺藍色T恤，以黃色的帶子將藍色的護胸綁在胸前。接著我跨上馬背，我覺得又悶又熱，汗珠從我的前額沁出，汗珠並從前額流下臉頰。在正式開始前，我還記得我想大口喝下幾口水，紓緩因緊張造成的口乾舌燥。

然後，就在那一刻，一切都結束了。我很確定的是，在電話那頭的記者絕對沒有發現，在我與他對談的過程中，思緒曾有短暫的空白與出走。受傷後的情緒困擾並沒有擊倒我，我也從未想過要壓抑這些負面情緒，但也沒有讓這樣的情況影響我的生活，就像去年的五月二十七日時，我照常參加了馬修的大學畢業典禮。

今天的確是個不一樣的日子，通常這個日子，我會深陷於內在的自我爭戰，想著如果不發生這種事，一切都會改觀，心中因而充滿內疚與悔恨。但今年，我觀察到自己的心態轉變了，除了還是堅持和平常一樣的度過這一天，積極參與目前的生活，並擬定未來的計畫。今年，我終於學會了接受現狀。

面臨混亂與不幸時，要全然接受自己的情況，並找到人生的意義與生活的目標，是一段得靠自己的旅程，畢竟，外面的現實世界如同往常一樣，始終是挑戰不斷與挫折連連的。

挫折的主要來源仍是政治。完成書中名為「希望」的章節之後一年，美國政府仍未提出人類幹細胞研究的政策。幸運的是，關於禁止人體細胞核轉移研究的相關法案，也還沒送到參議院進行表決。因為如此，英國、瑞典與新加坡在人類幹細胞的研究上，已經穩居獨步全球的領先地位。

受制於法令的限制，表現一向頂尖的美國科學家們要不是顯得意興闌珊，只得轉向進行其他領域的研究，就是威脅要離開。正在進行博士後研究的科學家，也因為急於償還就學貸款，等不及人類幹細胞研究的展開，紛紛另找題目進行研究。雖然美國部分科學家對於人類幹細胞亦有些主要的研究突破與發展，但布希總統依舊拒絕利用聯邦資金挹注，支援這些科學家進行更進一步的探索與研究，更遑論解決這些科學家面臨研究經費即將斷炊的窘境了。

事實上，對於政府開放人類幹細胞研究的迫切需求，不僅來自科學界的強烈要求，病人更有急切需要。有些研究人員希望政府在近日內即開放進行人類幹細胞的人體實驗，卻發現公共政策限制了他們進一步的探索與研究；也有科學家似乎恐懼有所進展，擔心動物實驗一旦真正運用在人類身上，會有危害。在此同時，包括我在內及我所知的多數病患已經相當了解這種研究與實驗可能帶來的風險。有位科學家曾告訴我，一旦實驗操作不慎，反而會讓目前的研究成果倒退十年，但他的話反而讓我想到喬納斯・沙克(Jonas Salk)的成就。

在第二次世界大戰期間，沙克不僅發明了流行性感冒疫苗，成功挽救了數以千計士兵的生命，他發明的沙克疫苗，也成功的預防小兒麻痺。沙克同樣面臨了風險，有些與他共事的同事們，都冒著可能感染小兒麻痹的危險，但即使如此，我仍認為這是他為了服務全人類不得不採行的作為。

沒有一件事比拯救人類生命更為重要，基於這樣的信念，我們成立了克里斯多夫・李維癱瘓者協會，我們也完全了解，在推動人類幹細胞研究過程中可能遭遇的挫折與必須承擔的風險，並謹記在心。包括克里斯多夫・李維癱瘓者協會及醫療研究促進聯盟——代表逾八十個各種疾病的團體、大學與科學家們，在過去一年來無不竭盡心力、努力倡議推動此一研究的重要性與急迫性，更希望一舉衝破阻礙。

由於聯邦政府始終未能提出具體措施與作法，我們轉而向州政府請願，希望地方政府先行開放，再促使聯邦政府做出全國性的決定。二〇〇二年九月，首戰之捷是讓加州政府率先通過立法，同意進行人類幹細胞研究，且不限定研究所需的幹細胞來源。時至今日，包括紐澤西州、紐約州、伊利諾州、肯塔基州、維吉尼亞州、馬里蘭州、羅德島、田納西州、麻薩諸塞州與華盛頓州等地均考慮跟隨加州的腳步，進行人類幹細胞研究的立法作業。

最近，我們在推動移植研究上也獲致了相當的進步與成效。克里斯多夫・李維癱瘓者協會籌措了五百萬美元，用來贊助準備進行人體試驗的科學家或組織。而紐約脊髓損傷研究信託基金會也籌措了一千五百萬美元，以此籌建研究資訊中心，希望能在未來三到五年內展開有條件的人體試驗工作。

本月初，我們將一份名為「二〇〇二年版克里斯多夫・李維癱瘓者法案」同時提交給參眾兩院，法案內容倡議運用聯邦資金，帶領民間機構進行癱瘓治療、主動積極療法等研究，並運用聯邦資金改善癱瘓者生活品質與狀況。這項法案不僅能讓脊髓損傷者受惠，包括近三百萬因中風、腦部創傷、帕金森氏症等疾病而造成癱瘓的人，也能獲益。

大家經常問我：什麼原因促使我不斷前進，以及如何保有正面的人生態度？身為公眾人物，我代表所有癱瘓人士，與科學界、政治人物或媒體互動，爭取癱瘓者的權益，而「絕不妥協」的核心思想，更驅動我持續努力。事實是，在我受傷的這八年來，內心並非毫無掙扎。我並不總是如此正向、積極，也無法穩建地向前邁進，像是走路時進二步、退一步的情況。

利用電流刺激踩腳踏車，或在游泳池裡滑步行走，長久以來的持續運動，使我的體能維持在一定的水準之上。透過持續不輟的練習，不僅讓我的身體逐漸強壯起來，也逐漸打通了腦部、脊髓與身體部位間的訊息傳遞通道，讓腦部訊號能通過脊髓受傷區域，一旦我下達指令，這些訊號就能更快速地達到該運動的部位。雖然有一陣子，由於游泳池內的氯氣未能全然殺死水中的細菌，使我受到感染，長達六星期無法下水練習，但在抗生素的治療下，我又重新回到游泳池裡，展開水中復健作業。

在今年二月，我成了一項所謂「調查程序」的試驗對象，這項試驗意在讓我逐步擺脫使用呼吸器。來自於俄亥俄州克里夫蘭的醫療小組，由安東尼·迪馬可(Anthony DiMarco)與雷蒙·翁德斯(Raymond Onders)兩位醫師帶領，於我的左右肺膜上植入電極棒，讓電線自胸部左邊連結出來，再利用特別設計的傳導器讓電極棒同時作用，刺激肺葉進行運動，讓我能自行呼吸。

使用呼吸器這些年後，我的肺葉似乎一下子還不習慣靠自己力量進行呼吸運動，剛開始時呼吸力道相當微弱，持續五到十分鐘自行呼吸，是件相當困難的事。但漸漸地，我的肺葉似乎重新記起了它天生的功能，逐步追上原本呼吸的速度與腳步。

到了四月中旬，我每天可以不用靠呼吸器，而自行呼吸五個小時，然後，某一天，並沒有什麼意外發生，我卻完全無法呼吸了。在重新啓動體內電極棒的數分鐘內，我覺得自己好像昏死過去一般，等到利用電流重新刺激肺葉，展開呼吸運動的那一刻，我像是被拖離水面的魚一樣，張著嘴想要大口呼吸，卻完全吸不到空氣，自此以後，我又回到了仰賴呼吸器度日的日子。

經過了詳細的核磁共振檢查，醫師發現有許多液體積存在我左邊肺部與肺葉之間，限制了肺部的律動，這正是造成我完全無法呼吸的原因。於是，醫療小組利用心肺部手術的方式，將導管插入我的體內，把這些液體抽出，我形容這些抽出的紅色液體看起來像是雞尾酒一般，試圖讓大家的心情稍微放鬆，但似乎沒有人笑得出來，我只得重新想法子讓大家覺得好過一些。

而今，我已經逐漸習慣種種挫折，也接受必須付出的代價，對於身體的各種不適與突發狀況，也能更積極的應對。不論是討論公共政策議題、募款、質疑科學家各種問題或是挑戰身體各項機能時，我都能了解到，這些情況就像是一周以來的股票市場走勢圖，難免會有起起伏伏，有時候波動幅度更是遠遠超乎想像。

在人生的旅程中，恆常是順境與逆境更迭，悲歡苦樂交錯。我的家裡經常充滿著笑聲，家人與朋友們總是不放棄每一次歡樂的機會，不論這樣的歡愉多麼微小或荒謬，我們總能從中找到樂子並開懷大笑。

最近我進行踏步運動時，邊與黛娜對話，同時吃著沙拉。我試著在吸氣時咀嚼，趁著吐氣時把食物吞下肚，可是我老是抓錯時間，一片生菜就這麼硬生生地卡在喉嚨裡。我邊咳邊笑，此時，陶莉還得急急忙忙地讓我把生菜咳出來，以免它跑進呼吸器的管線裡。過了幾分鐘，終於把這片惱人的生菜從喉嚨裡弄了出來。我的臉色由藍轉紅，恢復了原本的血色，總而言之，我好像又重新活過來了一次。

我的生活其實相當規律，到了四點半，我與克里斯多夫·李維癱瘓者協會的執行長米契·史卓勒(Mitch Stoller)進行電話會議，他也是位脊髓損傷患者，更是協會捐款的重要來源之一。從我決定寫此篇感言，我的女兒亞歷珊卓已經花了將近六個小時，為我整理這篇文章。她只停留幾天，就要前往新赫文市，展開她的暑假實習工作。黛娜負責接威爾放學，讓他吃完點心後，立即去練習曲棍球。而馬修與我合作拍攝一部三段式的記錄片後，目前已重返英國，進行影片的後製作業。

就在不久前，我們全家人聚在一起共進晚餐，並收看晚間新聞。我們在新聞中很明確地了解，科學家可以從正在培育中的胚胎裡抽取出幹細胞，而不會對胚胎造成任何傷害，且從主要細胞中萃取出來的幹細胞，也能夠在不具爭議性的程序之下，培育出無數的人類細胞。如果這個報導是正確的，這將是人類幹細胞研究中的一大突破，將為幹細胞研究帶來革命性的影響。這件事正是我明天要先搞清楚的第一要務。

【謝辭】

致上最誠摯的謝意

藍燈書屋（Random House）的安・高卓夫(Ann Godoff)是我的大幫手，在她的協助與親自編輯下，本書得以如期完成。陽光・魯卡斯(Sunshine Lucas)是安與我之間的最佳聯絡人，她好像從來不會感到疲憊，就如同她的名字——陽光一般，以最愉快的心情處理著所有步驟。珍妮佛・華許(Jennifer Walsh)是我在威廉・莫里斯出版社的版權經紀人，她以正直與專業的態度，代表我個人與出版社處理本書所有事宜。

我們原本的構想是把我在一九九五到二〇〇二年間的演說與訪談集結成冊，我必須感謝莎拉・休頓(Sarah Houghton)、黛安娜・迪羅莎(Diana De Rosa)、瑪姬・吉伯格(Maggie Goldberg)與雪莉・格林伯格(Shyrlee Greenberg)四位，他們耗費了無數個小時，把我的演說轉化為文字，透過她們的生花妙筆，讓這本書更具可讀性。我發現百分之九十九的演說內容並不能直接轉化為文字，因此，她們在無數場演說記錄中收集、歸納，才能成為這一頁頁的文字內容。

還要感謝的是瑞秋・史德非(Rachel Strife)、凱倫・吉溫(Karen Gerwin)、莉莎・柯恩(Liza Cohen)，特別要感謝的還有郡恩・福克斯(June Fox)與我的助理羅拉・霍金斯(Laurie Hawkins)，他們花費了相當多時間坐在我身邊的電腦前，靜待我說出下一個句子，更謝謝他們在過程中提出的各項寶貴建議與評論。

終其一生，我將時時刻刻感念以下人士或企業，他們包括了提供ERGYS 2電動車的復健聯盟公司(Therapeutic Alliances, Inc.)；提供LTV壓力支援抽痰器、提供血氧濃度測試監視器、電腦化的二氧化碳測量儀的供應商；以及提供FES肌肉緊縮機具的生化規格公司(Bioflex, Inc.)。以上這些設備讓我（也希望讓其他病患）能夠維持健康，並且離開醫院，重返社會。

負責照顧我的護士與助理人員經常都是超時工作，我與家人都對他們的專業技能與全力奉獻深感敬佩。因此，我特別感謝陶莉・艾羅(Dolly Arro)、伊蓮・亞當斯(Eileen Adams)、比爾・柏翰(Bill Bernhey)、蘇・席達瑞拉(Sue Citarella)、梅姬・蔡(Maggie Choa)、亨利・瑞恩(Henry Ryan)、馬洛・山凱茲(Marlou Sanchez)、雪莉・格瑞辛格(Shelley Griesinger)、派屈克・柯納斯(Patrick Connors)、克里斯・芬提尼(Chris Fantini)、羅伯・克拉克(Rob Clarke)、吉姆・海提根(Jim Hartigan)、吉格・柯立(Greg Coyle)、馬克・鮑萊克(Mark Pawelec)、法蘭克・巴爾莫(Frank Palmer)與麥克・瑞奇(Mike Ricci)。

在我返家休養後，赫林・溫伯格博士(Dr. Harlen Weinberg)與史帝文・吉許伯安博士(Dr. Steven Kirshblum)兩位醫師經常受到我的電話搔擾，處理我返家後遇到的醫療問題。由北威斯郤斯特醫院(Northern Westchester Hospital)提供的X光與超音波機器更是好極了，然而我還是希望未來見到這些醫療人員的次數能夠與日遞減。對於那些曾經醫治過我的醫生，包括豪爾・萊文(Howard Levin)、歐文・卡恩(Oren Kahn)、史帝文・柏恩史汀(Steven Bernstein)、大衛・班克(David Bank)、艾瑞克・強森(Eric Johnson)、艾里・亞伯梅耶(Eli Abemeyer),華盛頓大學的約翰・麥當勞博士(Dr. John McDonaled)與他的助理們,針對我的情況進行研究,更將他們的力量發揮到極致。對於我目前的恢復狀況,琳達・史卡茲博士(Dr. Linda Schultz)與其助理群更是功不可沒。

對於克里斯多夫・李維癱瘓者協會及李維與黛娜癱瘓資源研究中心的所有成員,我亦致上最誠摯的謝意,他們總是全心全意地為癱瘓人士奉獻心力,並協助他們。協會的公關人員威斯・康恩斯(Wes Combs)表現卓越,他成功地將相關訊息傳遞給一般大眾。對於來自於政府部門的協助,尤其是麥可・曼吉尼羅(Michael Manganiello)的大力幫忙,也令我深深感動。

最後,特別感謝所有親戚朋友的支持與鼓勵,這是支撐我勇敢面對餘生的最大動力,包括所有的李維家族成員、強森(Johnsons)家族、皮特尼(Pitneys)家族與莫里辛（Morosinis）家族成員。由衷感激我的妻子黛娜，她一向是我的良師益友。

由於篇幅限制，無法一一列出所有幫助過我的人士，也無法臚列我的三個寶貝——馬修（Matthew）、亞歷珊卓（Alexandra）與威爾（Will）帶給我的支持。我誠摯地期盼，本書能夠帶給您些許新的想法，深入了解這些人士賦予我生命的重大意義。

【出版緣起】

熱誠與感恩地迎接每一天

人因夢想而偉大，但乍看之下，絕大多數的夢想都無法實現。但只要我們擁有堅定的意志，夢想就可能成真。既然人類都能征服外太空了，一定也能夠克服內心的無力感與怯懦。

「把不可能變為可能」是克里斯多夫．李維最拿手的事。擁有最暢銷自傳《依然是我》(Still me)作家桂冠的克里斯多夫．李維，在他的新書《絕不妥協》(Nothing Is Impossible)中，再度向大家證實，他以過人的意志力，克服任何看似無法突破的障礙。他將生活中的小故事、演講與受訪內容重新整理，編輯成為本書精華。

李維讓四肢健全的人了解，癱瘓的人生絕非自身所願的抉擇，沒有人想過自我懷疑與冒不得任何風險的日子，但癱瘓者除了逆來順受，別無他法。

身為癱瘓者，李維從自身的經歷中得知，要克服自己內心的無力感與怯懦是多麼不容易的事，其間的過程更是十分痛苦，但他因而了解，辛苦換來的成果才是最甜美的。

他在書中不斷提出具有挑戰性的問題，如果並非完全不可能達成，為什麼事情看來如此困難？他循循善誘地引導讀者進入本書的世界，與讀者分享他的反省與指引，而非坊間勵志書籍中常見的安撫言語。

這本書在李維五十五歲生日前出版，正好是他脊髓損傷後的第八年，李維在《絕不妥協》一書中提醒我們，生活絕不是理所當然的事，我們必須以熱忱、好奇與感恩的態度面對每天的生活。這正是本書作者最想傳遞給讀者的訊息，也是最能引起共鳴之處。

contents

【推薦序一】若不放棄，就不會失去 5
【推薦序二】眞實世界中的眞正超人 7
【自序】心中的燭火不止息 13
【謝辭】致上最誠摯的謝意 27
【出版緣起】熱誠與感恩地迎接每一天 33
第一章 衝出逆境 39
直到受傷兩年後，黛娜極力勸阻我不要自我了斷的說法，終於讓我打從心底接受，我可以說：我很高興自己還活著，活著不僅是義務，而是生命確有其價值。
第二章 幽默是喜樂良方 55
事情到了糟得不能再糟的地步，你只能大笑以對。我們利用幽默感釋放緊張情緒和應付生活中那些變幻無常、甚至荒誕不經的事情，幽默能處理嫉妒、偏見與無法忍受的事物，甚至可以凝聚共識。

contents

第九章 航向未來

如果在一九九八年首個人類胚胎幹細胞被分離出來時，國家衛生組織立即獲准鼓勵或提供有關胚胎幹細胞研究，現在我很可能已經站起來，慶祝我的五十歲生日了，而人類許多無藥可救的疾病，也可能因而找到治癒的希望與機會。

第一章

衝出逆境

俗話說：「你最好知道自己要什麼，因為你可能會得到它，不論成敗，不論遭逢多大的逆境，你只要堅信：生而為人是有價值的！」這就是重點。

——二〇〇一年二月六日，在奧勒岡州波特蘭大一場有關成功座談會中的發言

當我在二〇〇一年說出這番話時，對我來說，向他人述說生而爲人的價值，已經不再是件困難的事。但時序若回到一九九五年六月一日時的維吉尼亞大學，當時正在接受密集治療的我，一點也不相信人的價值何在，與目前的想法實有天壤之別。那天，我發現自己躺在頸椎治療牽引器上，我的後腦勺掛著巨大的金屬球，這個金屬球又連在一個栓緊鏍絲的金屬框架上，我知道，這一切都肇因於一場馬術競賽中的墜馬意外。

在這場意外中，我跌斷了頸椎，斷裂的位置距離腦幹僅數公分，幸運的是，這也正是我還能苟延殘喘的原因，讓我有機會接受手術，重新將頭骨連回脊椎骨上，雖然成功機率最多只有一半。就算手術成功了，我的身體在肩膀以下依舊是癱瘓狀況，也沒辦法

靠自己呼吸，我聽見氧氣透過長長的管子、穿過我的脖子，打進肺部的聲音，未來數年，我都要習慣這種聲音，學習與呼吸器共處。

對我來說，這簡直是晴天霹靂，當下的反應當然是完全無法接受，甚至壓根不知道什麼叫做動彈不得的生活。我知道，像我這樣脊椎受傷的病患，根本沒有治癒的機會，往後的人生都得依賴旁人過活，連基本的生活需求都無法自理。我無法再扮演稱職的丈夫與三個孩子的父親，一瞬間，癱瘓使我變成體積龐大的四十二歲嬰孩，我當時想，活下來是最自私的作法，對家人更不公平。

等待奇蹟出現

過往的生活點滴，一下子湧上心頭，以前曾經受過的傷、割傷、瘀青、骨折，或是曾經得過的白血球增多症、瘧疾、著色性蕁麻疹（一種特殊疾病，骨髓製造出的紅血球會立即被破壞）。十六歲時，我的頭髮莫名其妙地一簇簇掉落，頭皮也變得坑坑疤疤的，幾乎沒有一塊可以長頭髮的正常頭皮，花了很長一段時間才擺脫禿頭的困擾。

幸運的是，不論歷經何種疾病折磨與煎熬，我都活過來了，成爲存活者。我一方面認為，這次應該跟以前的情況沒什麼不同；但另一方面，我卻猶如站在懸崖邊緣，似乎要跌落未知的深淵中。

在這段密集治療的過程中，我的內心世界有如乘坐雲霄飛車般地起伏、翻騰不已，矛盾心情不時湧現。我們在等待奇蹟，全世界最好的腦神經外科醫師——約翰．珍恩博士(Dr. John Jane)正是我的主治醫師，他完成了一項幾乎不可能的任務。他利用鋼索、鈦合金與從我臀部部分取下的骨頭，重新塑造出我的頭蓋骨。在他的監督下，率領著一群內科、胸腔科醫師組成的團隊，照顧我的潰瘍與肺炎症狀。進行治療後的第二周，我的頭部竟能向兩側轉動半英吋，也能稍稍抬起肩膀，還能移動三角肌，或許這些都有助於未來右手臂功能的恢復，或許未來我將有辦法自行進食，甚至有一天能夠重拾方向盤駕駛汽車，我的精神不禁為之振奮。

在六月的第三個星期，馬克莉．西普斯基博士(Dr. Marcalee Sipski)來探望我，他是紐澤西州一家位於西橘郡（West Orange）、名為凱斯勒復健中心內負責脊髓損傷的主治醫師，我的妻子黛娜與弟弟班哲明，早已研究過全美各地的復健機構，而凱斯勒復健中心是他們認為最棒的地方，在那裡，我可以接受最高品質的醫療照護，而且離家也不遠。

活著真是幸運?

史普斯基博士為我做了詳細檢查，但結果卻令我備受打擊。他表示，我的脊髓損傷是屬於「完全性的」，亦即在第二節頸椎(即一般所稱的「C－2」位置)，受到極為嚴重的損傷，腦部傳達的訊息將無法穿越受傷的區域。在缺乏來自腦部指令的情況下，留存下來的脊髓、肌肉、皮膚、骨頭、組織，根本毫無用武之地，更糟的是，肌肉組織會逐步的萎縮。我只知道周邊神經系統會受到損害，但沒料到連內部的神經系統也保不住。

我不斷地詢問醫師各種有關脊髓損傷，以及為何內部神經無法再生等問題。由於那些日子裡，白天總有家人與關切的朋友或訪客前來探視我，還排滿了各項例行性的治療行程，因此，通常到了深夜，只有住院醫師與護士值班的時候，我才能詳細吐露出我內心的各項疑慮。不過，沒有一個人能給我確切的答案，只告訴我，隨著醫療技術的進步與發展，這些問題或許有解決的一天。

在動物弱肉強食的世界裡，脊髓損傷的動物只有一種下場——成為其他動物的盤中飧，即使神經細胞能夠再生，恐怕也不能在一兩天內復原，在體力尚未完全恢復前，這些動物也難逃成爲獵物的悲慘宿命。對於脊髓損傷者來說，不論是人類或動物，受傷當時若未獲得適當的醫療照護，依據脊髓損傷的輕重程度，通常在幾小時或幾天內就會一命嗚呼。這些深夜進行的討論，常在這個結論中結束：在脊髓損傷後還能保住小命，我應該感到幸運！但活著究竟是福？是禍？我眞的不確定！

在我與少數醫護人員的深夜討論中，我們並不知道，全球各地已有許多科學家，正投注心力研究脊髓神經再生的可能性，甚至早在一九七〇年代，就有科學家投入此一領域。在一九八一年時，麥克希羅大學的艾伯多・安奎歐博士(Dr. Alberto Aguayo)利用一種強化生長激素的雞尾酒療法，成功地在老鼠身上達成細胞再生與恢復部分功能的成果。

妻兒的愛支持著我

直到一九九五年九月初，我才開始注意到脊髓神經的相關研究，對這件事也關切了起來，不僅因爲我是個脊髓損傷者，更是爲了我心愛的妻子黛娜與三個摯愛的寶貝——當時十五歲的馬修、十一歲的亞歷珊卓與三歲的威爾，還有其他親戚朋友的關愛與打氣，更有來自世界各地不知名人士的鼓勵，讓我得以堅強、勇敢的面對這一切，將我從一死了之的負面想法中拯救出來。

二〇〇二年，是發生墜馬事件後的第七年，這一年我過五十五歲生日，回想當時黛娜跪在床邊，對我說的話：「你依然是你，而且我愛你。」這些話語一再令我熱淚盈眶，心中的感激更是無可言喻。

她這一番簡單卻深具愛意的告白，成爲我在一九九八年出版的自傳《依然是我》(Still me)的主軸所在，但描述當時的場景時，我並未提到其中最關鍵的細節，亦即當時我心中充滿自我了斷的意圖，她的回應是：「我們至少應該再等二年」，如果我的生活還是毫無改變，她反而會替我尋求解脫之道。

就某些層面來說，你或許會說黛娜將書中提及的最古老銷售技巧發揮得淋漓盡致，也就是：你提供客戶一個免費試用的機會、一個免費的樣本，客戶沒有任何的義務，也無須負擔任何費用，只要讓客戶上鉤即可。就另一層面而言，隱藏在彼此心中，深深的愛意與尊重是恆久不變的，她了解，這是任何人面臨悲慘遭遇的正常反應，說服我等待一段時間，不要採取自戕行爲，是她唯一能做的事，她給了我絕對的自由和空間，讓我好好思考，但她堅信，隨著時間的流逝，我自然會做出最好的決定。

聽完黛娜的話，看著正走進房間裡的三個寶貝的臉蛋，我下了第一個決定，她全力支援我在未來的某個時間點，重新思考生命的價值何在，我更能了解到，即使我的身體有所殘缺，但此時此刻，孩子們還是盼望我能待在他們身邊。於是，我同意接受手術，我同意醫生們將我肺部的積水抽出，並採用第四級抗生素治療我的肺炎，好讓我不要因為肺炎而被死神召喚。

積極進行復健

雖然我不太記得當時腦中究竟糾結著多少思緒，我只確定自己決定走向生存之路，並試圖把內在的衝突與心情的高低起伏當成常態。我已無路可退。學習如何呑嚥，是我首先要做的事，雖然我已經有所進步，但對於飲食仍是束手無策，醫師直接將餵食管插入我的胃中，晚間，裝在袋中的咖啡色黏稠狀液體，裡面包含了身體所需的營養品，透過導管一滴滴地流入我的胃裡。有一天，護士與物理治療師組成的小組將我放到輪椅上，推到走廊另一端的日光室中，讓我在那裡與訪客會面，或讓家人將來自各方的信件唸給我聽，持續約半個小時，接下來我又得回到病房、躺在床上。

我實在無法相信，每天的練習與治療竟如此複雜與繁複。首先必須戴上頸套，將我的頭部固定住，接著再把我的上半身緊緊用綳帶纏住，好讓我坐起來時，血壓不會急速下降，然後將稱爲「曲型轉位板」的一大塊塑膠板放在我的身體下方。

要完成這項任務，得由兩位護士站在同一側，另兩位護士站在床的另一側，他們一高一低，同時轉動我的身體，才把我的身體移動至塑膠板上。在我坐上輪椅之前，我得慢慢地在床上轉成坐姿，在這樣的過程中，醫護人員每九十秒鐘就要觀測一次我的血壓。有時候我會覺得暈眩，出現這樣的感覺時，至少必須再等上十到十五分鐘，才能再度嘗試坐起。有次我竟然能在二十分鐘內坐起來，血壓也未出現不穩定的情況，對我來說，那眞是美好的一天，當我能夠坐起來，骨頭也沒被拆散時，表示我已經準備好進行下一項復健任務了。

輪椅就放在我的床邊，輪椅的右手架已被拆下，床也調整成與輪椅一樣的高度，我躺在床上，醫護人員充當幫手，以塑膠板搭起床板與輪椅間的橋樑。下一步是我必須再度坐起來，如果成功坐起，才能夠慢慢滑向輪椅，醫護人員接著把塑膠板移走，再藉由他們的協助，將我推出病房外。

往事與現實的殘酷衝擊

當我開始面對這幾個月來的緊湊治療與長達六個月的復健程序，過往的生活情境總是不斷地浮現腦海，就好像播放幻燈片一樣，但這些影像往往毫無順序，就如同幻燈片被任意放在放映機中，隨意播放一般。當一條長長的導管順著咽喉插入我的肺部，將我的肺部積水抽出，竟然讓我想起在緬因州划船的景象。但肺部分泌物抽往導管之際，第二張幻燈片尚未在腦海中放映出來，我竟又想起黛娜與我的做愛畫面；我騎在馬背上躍過鄉間的巨石；我站在劇院舞台上，等待布幕升起；我正提起一堆購物袋，準備走進我第一次買下、位於紐約的公寓。

然後到了凌晨四點，兩位醫護助理把我搖醒，他們替我翻身，以免因爲長期維持相同姿勢，皮膚受到壓迫而潰爛。在我受傷後的三年中，日復一日、夜復一夜地進行兩小時翻身一次的動作，讓我幾乎無法成眠，更遑論好好睡一覺了。更多的景象閃過我的眼前，通常是我珍愛的記憶片段，特別是我四肢健全、行動自如時的回憶。

心理醫生經常來陪伴我，但他們充滿老大口氣的語調，令人難以忍受，每當他們離開，我反而大大鬆了一口氣。我必須詳細閱讀「脊髓手冊」，但其中幾乎沒有提到像我情況這麼嚴重的病人。我也必須挑選一張配備電腦控制設備的電動輪椅，好讓我坐上輪椅後，能不靠別人推動，就能運行自如。

搭車時，我得坐進裝有特殊配備的廂型車，它必須是四輪傳動、有絕佳的避震系統及電動升降設備。我還得同意進行房屋改建計畫，好讓我在返家後，能在相關設備的支援下工作、吃飯與睡眠。

現實生活的問題接踵而至，非面對不可，在一九九五年五月二十七日下午三點零一分，自我墜馬的那一刻起，我已經從一個四肢健全的正常人，成爲「C－2」級四肢無力的癱瘓人士，我必須無條件地接受這個事實。在我的內心深處，當然充滿憤恨不平的情緒，或許這些憤怒迄今仍留存在我的心中，但最重要的是，我已經逐漸調適自己，接受並面對現實。

盡情揮灑生命色彩

直到受傷兩年後，黛娜極力勸阻我不要自我了斷的說法，終於讓我打從心底接受，我可以說：我很高興自己還活著，活著不僅僅是義務，而是生命的確有其價值。到了一九九七年五月二十七日，我們終於回到位於紐約市北部的新家，我被安置在從客廳擴建的新房間內，這樣的改建過程耗費了六個月之久。

我為HBO執導的影集「黃昏」(In the Gloaming)，已經在四月底時首映，獲得劇評家和大眾的熱烈迴響。我還擔任Health Extras公司的發言人，這是一家位於緬因州，提供低成本補助性保險，讓客戶在遭逢重大疾病、意外災害或傷殘時，獲得醫療服務之外的保險賠償的公司。

亨利．史提費爾(Henry Stifel)於一九八二年創辦了美國癱瘓者協會，亨利的兒子在十七歲時損傷脊髓，他有感於脊髓損傷者的權利不受重視，因而創辦這個基金會。如今，這個基金會已經改名為克里斯多夫．李維癱瘓者協會，由一群位於紐澤西州辦公室的同事負責營運，協會每年研究預算從三十萬美元大幅成長至三百萬美元，而與協會中的成員相較，我的健康情況還足以接下美國各地的演講邀約，雖然演說活動總得搭乘私人飛機，在三位護士、兩位助理及一位後勤協調人員的幫助下才能成行。

現在的我，比意外發生前還忙碌，日子在日常復健、擔任國家失能者組織副主席、寫作、導演、家人、朋友、旅行……等事項交錯中度過。每當有人問我是否會爲這麼多的事務感到困擾，甚至對我表示同情，我得承認，似乎每個人都認爲我該完成這些事。

在二〇〇二年四月底的一個星期四，黛娜跟我接到來自西班牙國王的邀約，他請我們到巴塞隆納去度週末，包括與西班牙皇室成員一同參加周六下午的一級方程式賽車盛會，接下來再進行私人餐敘，而我還必須參加這個餐會後的活動，行程直至午夜。隔天的周日中午，再與國王在海邊度假休閒場所共進午餐，接著搭乘西班牙國王的私人飛機返回紐約。

對於國王的熱情邀約，我們當然覺得受寵若驚，除了對其中某些細節尙存疑慮。在我這裡負責後勤作業的黛安娜·迪羅莎(Diana De Rosa)立即致電西班牙皇室中的人員(至少是負責安排此次行程的相關人士)，告訴他們關於我賴以行動的輪椅規格，她隨即發現，我的輪椅可以駛進賽車會場，但晚宴中卻無足夠的通道與空間讓我進去。顯而易見，對國王來說，當天的晚宴是極爲重要的場合，但在那個場地中，沒有任何一個入口超過三十一英吋寬，可以讓我的輪椅通行。

爲了這次旅程，黛娜得列出我的所有需求清單，包括：一張配備有充氣床墊的醫療用床、備用氧氣、呼吸器用的電壓轉換器、輪椅的充電器、至少七至八名的伴隨人員，還有一旦面臨緊急情況時，可以就近尋求協助的頂級醫院清單。每次旅行前，以上所有部分都得納入考量，十之八九，我依然可以成行。一九九五年時，從醫院房間到走道那端的日光室，是個相當艱困的旅程；但到了二〇〇二年的西班牙週末之旅，唯一的問題是後勤作業。幸運的是，西班牙皇室非常禮貌地取消了這次邀約。

不輕言「不可能」

二〇〇二年五月三日，黛娜與我主持了「克里斯多夫・李維癱瘓者協會」的一場剪綵儀式，這是爲了慶祝協會轄下的癱瘓資源研究中心成立，這個研究中心是由位於亞特蘭大的疾病管制中心贊助設立的，提供癱瘓人士與其朋友、家人相關資訊與協助，甚至只要連上網址www.paralysis.org，病人與照護者都能找到相關協助資訊，包括如何取得生活協助、交通、工作機會、娛樂活動等訊息。

就如同黛娜與我當時在尋找相關問題的答案一樣，轉眼之間就過了七年，經過這些年來的生活經驗，我們很願意與需要這些訊息的朋友分享。我們會根據個人不同的情況給予建議，對於那些剛剛受傷、還不時有自殺念頭的朋友，我通常會與他們分享生命的價值何在，但他們總會告訴我：這世界上沒有什麼事情是絕對會或絕對不會發生的，我只能藉由近期的最新研究成果，試圖振奮他們的士氣與精神。

但是，科學的研究成果總是時好時壞，甚至科學家們也經常推翻自己原本的發現與結論，就好比他們一下子說端上來的咖啡還不錯，一下子又改口說這咖啡喝起來淡而無味一般，他們不斷反覆探索紅酒的效用、牛油與人工奶油的差異、母親餵母奶的期間長短、每周應該吃多少顆雞蛋等，還有多少人是在醫師宣布他只剩六個月生命或永遠無法站立後，依然能夠活得好好的，甚至再以雙腳的力量重新站起來？有些癱瘓者根本毫不關心自己的健康情況，我建議他們還是要注意飲食均衡，並要找機會紓筋活骨一番，這樣對癱瘓者的復原情況應該有所幫助，至少去醫院的次數或許可以減少一些。

有時我會聽聽脊髓損傷者的心聲。有些人坐在輪椅上已經整整二十一年了；有些人說根本沒機會找到治療的方法；有些人則已安於現狀，不再寄望治癒的機會。對我來說，我很難去了解每個人的觀點，但只要他們不干預目前所採行的復健過程，我仍對他們感到敬佩。

十年前，那些得到阿茲海默症、帕金森氏症、糖尿病、肌肉萎縮症、脊髓硬化症或脊髓損傷者，似乎與我無關，這些病患的數量好像也不多。而今，情況已經完全改變了，在我脊髓損傷的這幾年內，投入此研究領域的科學家們不斷地持續探索，雖然尚未見到突破性的進展，但至少我們不必要、也不該輕易說出「不可能」三個字。

第二章

幽默是喜樂良方

> 教師：「你昨天怎麼沒來上課？」
> 學生：「報告老師，我不太舒服。」
> 教師：「除非你動了四肢截肢手術，才有理由不來上課；但就算如此，他們還是會把你裝在籃子帶到教室來。」
> ——十二年級時的英文老師喬治・派克(George Packard)與一位同學間的對話，普林斯頓中學，一九七〇年

事情到了糟得不能再糟的地步，你只能大笑以對。我們利用幽默感去釋放緊張情緒和應付生活中那些變幻無常、甚至荒誕不經的事情，幽默能處理嫉妒、偏見與無法忍受的事物，甚至可以凝聚人們的共識，這也正是我之所以這麼樂在演藝工作中的原因。受傷的事件讓我了解到，幽默是引導釋放憤恨情緒的最佳方法之一，不，應該是其中最棒的一個。

前往復健中心探視我的訪客都說，當我遭逢生命中如此重大意外時，我當時的表現比他們想像中的還要冷靜，更是出人意料之外的平靜。但實際上，在我的內心深處，依

舊憤恨難平。我記得我極力勉強自己表現出輕鬆的一面，讓家人不要那麼擔心，特別是在威爾面前。威爾了解我摔斷了頸椎，身體不能動彈，但他完全不能得知我的未來會怎麼樣。黛娜與我竭盡所能避免讓他的心靈因而受到傷害。當我意識不清、時睡時醒時，黛娜經常與威爾在日光室內遊玩，也試著讓他了解我還是他的好父親，只是身體狀況有些不同罷了。

幽默扭轉悲傷氣氛

儘管我們費盡心力，希望威爾不要只見到父親受傷事件中的黑暗面，但是我的小弟班、母親芭芭拉與妻子黛娜，卻得忍受我突如其來的火爆脾氣。他們太了解我了，完美主義是我個性中最大的缺點，最糟糕的情況發生在我一受傷後舉行的首次記者會之前，他們在參加記者會前來探視我，我要求他們把事情「說清楚」，還不斷地命令他們要讓媒體及大眾相信：我是一個有經驗的騎士，絕對有能力參加這場馬匹越野跳躍競賽，這件事純粹是意外，我絕對不是個技術不佳的騎士。

幸運的是，在努力之下，事情總算如我所願的傳遞出去，對我來說，這可不是件好笑的事，其他人也開始討論這個事件較光明的一面。如我所料地，周六晚間現場新聞率先報導了這個消息，還把這件事放在他們的「本週最新」新聞事件中。

「克里斯多夫．李維表示，羅賓．威廉斯(Robin Williams)的幽默感給了他生存下來的意願，而寶莉．薛爾(Pauly Shore)的幽默感卻讓他很想早日前往西方極樂世界。」

豪爾．史登(Howard Stern)接下來是這麼說的：

「對克里斯多夫．李維來說，這眞是太糟糕了，但是，身爲男子漢，別忘了家中還有妻小。」

有關生病的玩笑話立即傳遍全國，讓我回想起一九九五年五月時的情況：

「問：克里斯多夫．李維與O．J．辛普森有何不同？」

「答：O．J．會走路。」

現在回想起來，我非常感謝媒體與民眾的幽默感，讓當時有關我受傷情況嚴重的消息不斷傳出之際，悲傷的氣氛得以扭轉，而我只需學習忍受氣管萎縮帶來的不適。氣管萎縮的情況令我只得利用空氣通過聲帶的方式，發出一些聲音，而非以口說話。其實，這對我來說已是極大的進步，不論在心理或身體上都是，在受傷後的前三到四周時間內，我多麼希望不再透過導管，就能讓空氣直接進入肺部。

說笑自娛娛人

而今我說話的功能已經恢復，搞笑的因子也復甦了，我準備好小試身手：有天早上，一名護士到了我的房間，對我說：「你今天還好嗎？感覺如何？」我的回答是：「喔，我的喉嚨有點癢，我的鼻頭也癢癢的，還有我的指甲也該剪了，喔！還有，我癱瘓了。」

我記得，有個護士第一天上班，我的玩笑話令她尷尬不已，我當時正爲薦骨部位皮膚脫落所苦，這已經困擾我好幾個月了，最後才好不容易治好。那時我向左側躺著，我問她：「我的屁股看起來如何？」她回答：「看起來還不錯。」我接著說：「我知道我的屁股看起來不錯，但是那裡的皮膚看來如何？」她的臉頰立即轉紅。過了一陣子，我還以爲這位護士再也不願意來照顧我了，感謝的是，下一次輪到她來照顧我時，她不僅如期出現，這些年來，她還是堅守崗位，每天都來檢查我屁股皮膚的情況。

我很高興地說，自從我在一九九五年十二月返家休養後，負責照顧我的十七位護士與助理人員已經自然而然地形成醫療小組中的一份子。隨著時間的流逝，他們也從復健中心的專業照護人員，轉變成爲我的大家庭中成員之一，其中許多人剛開始時總得面對我的威脅恐嚇，但我試著以幽默感讓新來的照護人員覺得舒服一些。

我的努力看起來有點像是同情他們吧！他們依然要面對照顧我時的挫折感並控制情緒。在我的脖子上纏繞繃帶，已經成爲每天早上例行性的動作，護士會問我繃帶夠不夠緊，如果當天我覺得綁得還算好，我會學海豹一樣大叫。若護士問我是否喜歡我的輪椅，我會告訴她我並不是那麼喜歡它，但至少它能讓我一邊移動、一邊喝著飲料，還算是差強人意。

關於輪椅的各種笑話稍稍沖淡了我的怒氣，當我出現在公眾面前時，我發現笑話也是讓大家放輕鬆的一種方法。在一九九六年三月的奧斯卡頒獎典禮上，我劈頭就這麼說：「大家或許不知道，我早在去年九月就從紐約出發了，今天終於到這兒了，我很高興我做到了，還好沒有錯過全世界對我的歡迎。」

在我知道傑．萊諾(Jay Leno)是個狂熱的汽車收藏家後，我邀請他參加「今夜現場」這個節目，他在節目中說：「當我離開駕駛座後，非常歡迎你來駕駛這輛車，體會一下

Chevy三五〇頂級引擎與在高速公路上風馳電掣的感覺」。主持人大衛・李特曼(David Letterman)立即轉向我，問我會如何處理這件事，我向他和觀眾說：「我覺得這個提議不錯，只不過，如果我再度操控方向盤在城市裡橫衝直撞，恐怕會再一次摔斷頸椎呢！」

在調適自己適應新生活的過程中，我開始欣賞一些稍微病態或不太適當的幽默。在一九九七年ABC電視台一個名爲「克里斯多夫・李維：慶祝希望」的特別節目中，我特別感謝一位患有腦性麻痹的墨西哥籍喜劇演員——克里斯・豐西卡(Chris Fonseca)。他在節目中抱怨那位因麥當勞熱咖啡翻落而燙傷大腿，最後以二千九百萬美元和麥當勞達成和解協議的女士，他說：「我做過這件事，但就是這麼愛做，如果他們發現我是故意的，不會要我賠錢吧？」然後他告訴我們：「我剛剛才待在那家餐廳，當時我的喉嚨裡好像梗到東西了，我試著求救(他做出極爲驚慌、雙手揮舞急著找人救助的姿勢)，你絕對沒料到，這正是瘖啞人士的求婚手勢，我意外地向一位瘖啞女子求了婚，於是，我成了已婚男子！」

當我在復健中心時，我的朋友崔特・威廉斯(Treat Williams)前來探望我，他發現我正待在日光室裡，他第一句話就說：「不用起身了。」接著他告訴我另一位朋友與一群水手們航行的故事，他說，這群水手各具特色，第一位水手只有一條腿，另一位的心臟狀況不佳，第三位水手摔斷了一隻手臂，我的回答是：「他應該邀請我跟他去航行才對，我完全符合這些條件！」

最近有位頂尖的神經細胞科學家告訴我，腦部傷害或許反而有助於脊髓損傷者的復原情況，很顯然地，腦中的動力神經細胞很容易再生，再將這些再生細胞移植到脊髓中。我猜想，這樣邏輯性的結論雖然沒錯，但也就是說，如果你不想癱瘓一生，就得同時把腦子敲碎才行。這麼做的結果亦是好壞參半，好消息是你終於能自己走出醫院了，但再也認不得自己是誰。（還好我只是個脊髓損傷者，而且現在才要把頭敲碎，是不是太晚了些？）

與樂觀、幽默同在

幸運的是，我這些帶點兒病態的幽默感還不至於到無可救藥的地步，也不致太過尖酸刻薄，過去這幾年來，我相當享受這樣小小的歡愉。有天早上，黛娜和我約在五點半時醒來，當時年僅三歲的威爾跳上我們的大床，他展開雙臂旋轉，說道：「快看！我是一隻蜂鳥！」

還有些令我印象深刻的是，我記得在受傷後，有一天羅賓．威廉斯到加護病房來看我，全身穿著手術衣，假扮成一位瘋狂的俄羅斯籍直腸科醫生！羅賓經常前往家中探望我，有天他到的時候，護士正好利用抽痰設備，就像肺部吸塵器一般，吸出我氣管內的分泌物。羅賓立刻抓起這個東西，假裝吸吸床板、吸吸窗簾，又作勢要清潔地毯，直到他的「新玩具」被拿走。

既然要開始我的新生活，我總是盡可能地希望讓生活變得正常。對一個傷殘者來說，當然期待生活各層面都能恢復正常，從健康到人際關係、工作、旅行，甚至玩樂。要在自己的各項需求與對他人應盡的義務間達成平衡，實在是件不容易的事，有些日子裡，我並不了解這對我來說是多麼嚴肅與沈重的一件事，被嘲笑亦是多美好的一件事。當我靠近餐桌想停下時，總是不小心會東碰西撞，這時威爾就會拿起他的警示牌，警告我說：「看看這個瘋狂的駕駛人。」我喜歡這樣。或是我告訴黛娜她的新毛衣有多麼好看時，她就會提醒我，這是我三年前買給她的生日禮物。

我的大兒子馬修經常嘲笑我是個電腦白痴，還取笑我完全不懂什麼是現代科技，我必須承認，復健中心的職業治療師曾經試圖教導我如何使用語音驅動的電腦，但在他諄諄教誨時，我當場睡著！

我的女兒亞歷珊卓總在背後稱我為「大乳酪(The Big Cheese)」，我把這個稱呼當成讚美，對她而言，這再度證明了我在家庭中扮演的權威形象，也是值得他們敬重的老爸。

最重要的是，我的三個寶貝都遺傳了我的幽默感，威爾更是聰明極了，他竟然能了解許多雙關語，比起同年齡（九歲）的小孩，可說是有過之而無不及。現在的馬修與亞歷珊卓也二十二歲和十八歲了，他們完全能夠掌握「奧斯朋一家人(The Osbournes)」這齣喜劇中的所有橋段，還會與朋友、同學們互相分享、交換彼此的笑話呢！我的傷殘沒有減損他們的幽默感與樂觀天性，或是令他們退縮，著實讓我鬆了一口氣。

幽默感值得一試

我的幽默感是如何被激發出來的？有個來自於陌生人的建議或許正是幽默的催化

劑，他是這麼寫的：「現在開始盡情大笑吧！讓笑容跟你的過去揮別。」當人們問我：「你怎麼把這些笑話兜在一起呢？」我的回答是：「膠帶是最好的幫手。」怎麼說呢？它讓抽痰器的接頭不致脫落，好讓我能夠活著；它讓我能夠與輪椅扶手與椅背密合，好讓我不致跌個粉身碎骨；我還利用膠帶把威爾的美術作品貼在牆上。

膠帶更是全家人最鍾愛的小狗察莫斯（Chamois）的最佳玩具，當牠玩膩了追逐網球遊戲時，追逐膠帶捲就成爲牠最愛的活動。這樣說來，製造膠帶的業者應該找我去拍廣告才對，我一定是他們的最佳代言人。

當遭逢重大疾病或傷殘時，其間心情調適與變動的過程是相當極端的，從難過絕望的只想結束自己的生命，直到重新恢復求生意志，變動之大，非箇中人士實在難以體會。有時其間會摻雜許多灰色地帶，或說麻木不仁的境地，這時的情緒既不沮喪，但也不見絲毫欣喜，對所有的事都提不勁來。

在日復一日、反覆進行的復健活動中，有時候會突然想打電話給朋友，但終究還是作罷，因爲即使打了電話，也不知道該說些什麼。

護士與家人會經常勸你到門外透透氣，他們會提醒你，你已經坐在辦公室裡超過六個小時了。你經常會聽到各式各樣科學上「令人振奮的大突破」，好比說「癱瘓的老鼠在接受××療法六周以後，竟然能自行爬幾步繩梯了。」你心想：「這真是太神奇了！但這對我或其他癱瘓人士來說，究竟有何意義？」

在我的新生活中，我好幾次陷溺在麻木不仁的境地中，要提振自己的情緒與喚起幽默感並不容易，卻相當重要。你是不是那麼有趣，並不是重點，我已經從三十多年來的好友羅賓．威廉斯身上學到這一點，關鍵在於，無動於衷可能會讓你深陷危險。如果你長期處於此種狀態下，你的生活再也激不起任何火花，甚至會喪失回復正常生活的意志，這樣一來，你的生活將不再具任何意義。

我記得一位喜劇演員的傳奇故事，當他臨終之際，旁人問他感覺如何？他回答：「要死還不容易？演喜劇才困難！」不論我們四肢健全或無法動彈，多數人的生活都是平淡無波，處於麻木不仁的狀態中。事實上，許多人都承受著不同的壓力與遭遇，總是只見到別人生活中的好，或總感覺到自己不快樂，或成天怨聲載道。

其實，每件事都是相對的，沒有人一定得悲傷或抑鬱寡歡。我贊同那位喜劇演員所說的話，但要進一步演繹：「沒錯，要擁有幽默感並不容易，但絕對值得一試！」

第二章

心靈掙脫軀體禁錮

當我受傷時，我想這一定是我的錯，我必定曾經做錯事情，才會遭到上天的懲罰。這是再自然不過的反應，但幸運的是，多來以來嚴謹的生活訓練與習慣，讓我能從這種自怨自艾的情緒中走出來，也讓我重新思考，這不再意味著生活的結束，而是生命將展開嶄新的篇章。

——在甘迺迪中心的演說，由大華盛頓協會主辦的傑出執行者系列演說，一九九六年十二月二日

在人類所能思考的範圍以外，蘊藏著無數寶藏，對我們來說正是如此。只要擁有些許的寶藏，即可擁有無窮的力量，我必須說，就算人終其一生不斷學習，所能發揮的潛能，不過是鳳毛麟角而已。

——以撒．辛格(Issac Bashevis Singer)

在我受傷前，我堅信每個人的健康情況正是心靈狀態的表徵，我對那些自稱有治療神力的人，始終抱持著高度懷疑的態度。然而，脊髓損傷的事實與隨之而來的複雜治療情況，不得不讓我重新檢視原本的信念。

我曾經罹患肺炎、腦中出現血塊、跌斷骨頭、甚至對藥物過敏，以上種種疾病都需要藥物、抗生素，甚至入院治療。還有許多擁有特殊能力的人士，自告奮勇利用「特異功能」，爲我進行非侵入性的療法。

當出現緊急狀況時，通常是臨時性的血塊或是肺部症狀，我總是立刻被送到急診室，這種情況持續不斷發生，直到身體恢復正常功能後，我才能出院。

長此以往，不禁讓我懷疑現代醫療技術的極限，而那些自稱具有特殊能力者，究竟能否如他們自稱般地擁有神力，能夠藉由外表的碰觸，即可改變我身體內部的狀況？我很容易錯過這些能人異士，因爲在他們大力吹噓過往經歷時，或許是因爲吹捧過度，總讓人感到有些質疑，況且有些人爲我治療的目的，聽起來更是千奇百怪，令人費解。

特異功能得零分

我曾經兩度不顧身邊的人阻攔，執意讓這些所謂的能人異士檢查與治療。

第一位的特異功能者來自愛爾蘭，他是一位短小精幹、相當平易近人的人，年近六十歲的他，穿著一件亮綠色的夾克，我看到他的第一個想法竟是：上帝派了位綠色小精靈來拯救我了！他在檢視過我的情況後聲稱，在我的脊髓損傷處進行穴位按摩，將可刺激體內分泌酚多精，我就不會再感到疼痛，我的生命並將進入一個「全新境界」。

我告訴他，目前我並不會覺得疼痛與痛苦，但他似乎完全沒把我說的話聽進去，仍執意為我進行穴位按摩，突然間，我的右手臂抽動了一下，而且還移動了數英吋，這位特異功能人士立即信心大增，但在我房內的所有人都清楚明瞭，這只是我經常性的抽筋反應，主要是因體內神經試圖重新恢復與腦部間的連結，令四肢不由自主出現的移動。因此，我們對於這位特異功能人士的評分是零分。

第二位特異功能人士聲稱自己是超自然健康派的治療大師，他前來家中拜訪我，就像是家庭醫師到病患家中出診一樣。他是我的好朋友介紹來的。朋友告訴我，這位大師成功治癒了癌症與潰瘍病患，更有一位脊髓損傷者在他的治療下，重新恢復健康。

有天家裡門鈴響了起來，威爾前去應門，在門外站了一位類似銀行家或股票仲介商的人士，看起來約三十多歲，身著傳統商界人士經常穿著的全套西裝，穿著打扮可以用一絲不苟來形容。與他碰面後，我的第一個想法是：「看來他混得頗不賴嘛！」我們問他想喝點什麼，他只要了一杯白開水，然後我們就到我的辦公室內聊了起來。

在與他的談話中，我很快得知他的背景，其實在他成爲超自然健康派治療人士前，原本是位成功的商界人士，一直都在商場的爾虞我詐中打滾，直至五年前，他宣稱自己突然從商場生涯中覺悟，才進行了變化如此劇烈的生涯轉換。他仔細端詳我的手掌，並發現我的小指頭已經折斷了。我告訴他，這並非此次墜馬事件的結果，而是有次在進行家族足球活動時，不小心骨折所造成的，小指頭的骨頭是否接合，其實對我來說影響不大。但他強調：「我們必須在一開始就把事情做對、做好」，還表示他能立即治癒我的小指頭。

在接下來的一個小時中，我把眼睛緊緊閉著，也不敢發出任何聲音，深怕干擾他的全心全意運功來爲我進行治療。他按摩著我的手指，對我的手指左捏右揉的，還不時前後左右輕轉著它。在這些過程中，他幾度試圖打破沈默，他問了我以下這些問題，好比說，我是否喜歡到其他國家生活？有什麼新的拍片計畫等，他還看著我們掛在牆上的泛舟照片，問我是否喜歡水上運動，他說他也熱愛這些活動呢！對於他的問話，我多半簡潔以對，直覺上就是不想告訴他太多私人事情，也不想讓他太了解我。

好不容易，他終於表示已經完成整個療程了，我努力地端詳著我的小指，的確，現在它平躺在我的椅背上，不像之前那樣歪歪扭扭的。我得承認，這確實令我印象深刻，更重要的是，他一毛錢治療費用也沒收，就跟之前那位特異功能人士一樣。

我們討論起下一次的治療計畫，他表示會在下周再次前來拜訪我，但在第二次治療時間來臨前，我的小指頭又恢復原本歪歪扭扭狀態，從此再也沒變直過。不過無所謂，反正歷經這樣的治療過程也蠻有趣的，更何況除了耗費時間以外，我絲毫沒有任何損失，只不過對這位超自然健康派治療人士的評分也是零分。

壓力可能造成疾病

而在治療或紓緩因疾病造成的心理與情緒上的壓力時，有種極端的方法是完全依賴藥物控制，只靠超自然的心靈力量介入治療，則是另一種極端的作法。我對這些治療的可能性深深著迷，也深信混合以上兩種治療方法，應該對紓緩心理壓力與情緒困擾極爲有效。因此，我極力倡議結合軀體與心靈的治療方法，能夠改善身體情況，身體情況好轉亦會對心理健康帶來正面效果，讓我們能從情緒困擾中走出來，擺脫心理壓力。

青少年時期，我被三不五時發作的氣喘困擾著，更爲找不出的各式各樣過敏原所苦，在我去見父親時，這些情況還會變得更糟。這究竟是黴菌造成？抑或是父親在十九世紀時即建成的農舍住屋旁，那些高聳的野草所造成的呢？

當時我有好幾位朋友就住在附近，他們家的情況跟我們家的環境可說相差無幾，當我前往位於紐澤西州的父親住所時，住在附近的朋友們，每個人都好好的，只有我到了那裡，總會爲過敏及氣喘所苦。唯一的解釋就是，那時我總是極力地想取悅父親，幾乎到了無所不用其極的地步，這使我的心理面臨非常大的壓力，情緒更是絲毫無法放鬆，也就是說，我一到當地附近，自然而然地就無法輕鬆呼吸。雖然我從來沒有和父親討論過這種情況，但顯現出來的卻是，當時只要我到了紐澤西的父親家裡，呼吸就會變得不順暢，只得靠著氣喘噴霧劑過日子。

或許這正是心理壓力決定與影響身體功能表徵的最佳例證，各項證據幾乎都顯示，壓力與高血壓、潰瘍、免疫系統運作失靈等病症有密不可分的關係，更有研究指出，壓力會導致癌症的發生，抑制心中怒氣亦可能成爲癌症的導因。

一九七三年，美國前總統尼克森捲入水門案醜聞時，他選擇面對全國民眾並昭告大家：「我不是個十惡不赦的騙徒。」雖然大家都看到，他說這些話時，斗大的汗珠就在他的唇上。當時尼克森正為單腳罹患的靜脈炎困擾著，由於某些部位血液循環極度不良，會導致足部痠痛與腫脹。尼克森正好在此時病發，不知道是巧合，抑或是極力想掩飾水門案醜聞的心理壓力，而導致此一病症的發生？

當我們心理感到不是那麼愉快，或想把心理的不痛快歸咎於其他外在原因時，包括天氣、與其他人接觸、外在環境，甚或是我們吃的食物，都會成為我們的藉口，這或許是找出心理不愉快，進而影響身體健康的方法之一，但我們必須清楚認知，許多疾病發生絕非肇因於這些藉口，我們內心的情緒反而要負起更大的責任。

如果我們相信身心之間的確互有關聯，心理情況不佳會對生理狀況造成嚴重影響與傷害，反推回去，如果心理情況再好不過，自然會有治癒生理問題的能力。

免於截肢命運

在我受傷前，積極與正面的生活態度，讓我面對挫折、傷害與各種疾病時，總能迎刃而解、平安度過。但是以往的經歷，在面對此次如此嚴重的傷害，特別是我已經癱瘓兩年的情況下，即使再正面與積極的態度，似乎也沒辦法再讓我回到如從前一般的健康情況。

一九九七年的春天，在我的左邊腳踝上發現了一個小紅點，或許是因爲所穿的鞋不合腳而造成的，難以預料的是，在不到一個月的時間，這個紅點竟變成一個極爲嚴重的傷口。這個傷口不過一．五英吋大小，但卻自皮膚處嚴重向內潰爛，傷口之深，令腳踝處深可見骨。更糟的事還在後頭，這個傷口不但嚴重潰爛，還引起感染，整隻腳均受到感染時，便引發敗血症。專科醫師仔細爲我檢查後，告訴我這樣的情況，極可能導致整個身體系統的感染，甚至有致命的危險，一旦有這樣的症狀，爲了保命，唯一的方法將是進行膝關節以下的截肢手術，如此一來才能保住我的小命。

我還記得我當時的反應，也不吝於把當時的心情轉折與這些專家們分享，我告訴他們，我絕對不接受截肢，我還需要這隻腳，未來我要靠著雙腳站起來，甚至走路。在我的心靈立即築起一道保護牆，我絕不讓他們超越此界限，我的腳絕對不能被截除，絲毫沒有商量的餘地。

爲了保命同時保住我的腳，連續十天，我接受了極爲強效的抗生素治療，他們利用靜脈注射的方式，將抗生素送入我的體內。其後，在回到我位於麻薩諸塞州的夏日度假小屋時，我總會坐在門外的長廊下，注視著圍繞在度假小屋四週遠端的山巒，不斷回想我的腳踝未感染前的模樣。慢慢地，腳踝附近的皮膚再度長了出來，直到六個月後，整個傷口才癒合，過了快一年，整個腳踝看起來才算恢復正常。

其實我並不確知我的腳踝究竟是怎麼好起來的，醫師們又是用了什麼方法保住我的腳，但唯一可以確定的是，他們用在我身上的抗生素處方Fortaz，是種十分積極的療法，但即使如此強效的抗生素，也不見得對抗得了體內的感染病況，這是我在復健中心就了解的事。但現在回想起來，我相信，如果沒有使用這種抗生素，我肯定是好不了的，我更堅信，當時我的內心若沒有鋼鐵一般的意志，全心全意的想要留住我的腳，只要意志稍有鬆懈，只怕仙丹妙藥也保不住我的腳。

不斷為自己打氣

在這個治療過程中，我不諱言有好幾次都對可能的治療結果感到焦慮不安，就好像再度回到受傷初期，決定要不要放棄生命，自我了斷時一般，這樣的決策造成往後一連串艱辛的治療過程與犧牲，也展開了一段未知的旅程。告訴醫生我無法接受截肢，說來是件容易的事，但我的決定純粹出自於直覺，甚至有些不理性，這完全基於我的積極性與競爭性人格作祟。對我來說，如果我只是坐在長廊下，利用枕頭支撐著那隻受到感染的腳，內心充滿了懷疑與不安的話，反而是件更困難的事。不可否認的是，前一分鐘我還是會想著：「我一定能做得到——我的腳一定可以治得好」，但下一分鐘湧上腦際的卻是：「我在想什麼呀？我又沒有特異功能，光這樣想，腳就好得了嗎？」然後我又會想起腳踝感染前的模樣，再次告訴自己，它一定能夠恢復原狀。

我不斷地提醒自己，歷經了各式各樣的挫折與阻礙後，我總是能逢凶化吉，恢復過來，這一次當然也不例外。就像我深信，總有一天我的脊髓損傷可能會好起來，我會從癱瘓的噩夢中甦醒，所以，這個腳踝自然也要一路陪伴我，直到那一天到來。

我做了這個勇敢的決定後，我在內心不斷對自己低語：「這是鋼鐵一般的規定，絕不容許有任何意外。」好比野戰時指揮官對軍隊下達命令：「跟著我前進！」或許這位指揮官內心充滿了極度的驚懼與焦慮，但他外表依舊要表現出無懈可擊的自信與權威，才能帶領整個軍隊勇往直前，而不是只會跟在他的屁股後頭躲躲藏藏。在某些情況下，有句老話說得好：「你必須假裝有把握，直到你成功了爲止。」堅信自己能達成某個目標，成功的機率自然提高。當你做出某項決策或訂定某項目標時，一定要公告周知，更要利用自己內心的資源與力量，強化自己一定會成功的信念，唯有相信自己能成功，事情才可能如你所願。

挑戰人體極限

我的朋友大衛．布萊寧(David Blaine)就是一個很好的範例，他善用內心的資源，達成超乎一般人所能想像的目標。他是位身材修長、說話語氣輕柔的年輕人，他擁有不可思議的魔力，可以讓混淆不清的情境變得清明，更能打破人與人之間冷漠以對與漠不關心的僵局。超強的忍耐力是他如此過人的主要原因，他曾有過被活埋的瀕死經歷，甚至被冰凍在一大塊冰磚內，最近一件事則發生在不久之前，那是二〇〇二年五月的事，他僅憑藉一小塊的立足之處，站在一個高達八十英呎（約二十四公尺）的支柱上，在他支撐不住，跌落到鋪在地面的防護墊上之前，共歷時三、四個小時。

他被形容爲不斷尋找刺激的人，是個瘋狂人物，是個不惜一切代價，只爲出名或賺進大筆鈔票的人。但對一個意圖挑戰各項人類體能極限的人而言，任何的舉動與嘗試，其後的辛勤練習、汗水與過人的意志，他的表現都足資表率，我絕不會因爲外界的眼光，而隱藏自己對大衛這些成就的肯定與讚賞。

事實上，早在媒體知道有大衛這號人物，並大肆報導之前，他就不斷測試著自己的耐力，有好幾年的時間，他都過著入不敷出的貧窮生活，他在準備嘗試各項外界所稱的「特技」前，嚴格的自我訓練絕不可少。在進行那項站在支柱上生活的活動前，他練習的時間長達一年以上，從訓練自己站在二十英呎的支柱上開始，並向好萊塢的頂尖特技人員討教，學習安全向下墜落至地面的氣墊上。當他覺得自己可以從容不迫地站在最寬處僅二十二英吋〈約五十六公分〉的支柱頂端平台上，並能安全地從二十英呎高度往下跳時，他立即把支柱高度提高到四十英呎，一步一步地訓練自己習慣八十英呎的高度。在這樣的過程中，他從未在身上綁安全帶，其下也未架設防護網。大衛爲什麼要進行這項活動呢？其實他想要克服自己對高度的恐懼，並試圖釋放自己的恐懼。

絕大多數的人，包括你、我在內，都只想生活在自己建構出的那塊小小舒適區內，利用自己的恐懼與有限的認知，建構出自己的舒適區，我們根本不想接近舒適區邊緣，更遑論跨越至舒適區之外。只有極少數的人有膽量跨出一小步，但當他們有此舉動時，有時候還是無法成功跨越舒適區界限，只得又退回此一區域內，但大多數人進行此項嘗試後，即能成功地擴大自己的舒適區範圍，並能欣喜愉悅地迎接往後更多的勝利與成功。

對於傷殘者而言，不妨以離開家門、走向戶外，做爲擴大自己舒適區的首次嘗試；對於那些身體健全的人而言，不妨試試潛水活動，看看自己能否克服可能出現的幽閉恐懼症；甚至在我們國家（美國）對抗恐怖主義的過程中，多數人也已經了解到，我們不再居住在一個全然安全的環境中，試圖與這些情況共處，也是擴大自己心理舒適區的一項嘗試。

除了克服對高度的恐懼外，大衛如何訓練自己的體力呢？大衛每天都騎著腳踏車登山，讓雙腳有足夠的支撐力量，除了可以站在八十英呎支柱上三、四個小時，也能讓他從高處跳下時不致受傷。他更要訓練自己忍耐飢餓與長時間禁食的能力，因爲在整個活動過程中，他根本無法進食。

大衛可以說是將自己的決心發揮得淋漓盡致的人，他利用自己堅強的意志克服了對高度的恐懼，更召喚自己的意志力對抗飢餓，他的專注力支撐著他不要從支柱上墜下。

當他經歷三、四小時的活動過程，一躍而下的那一刻，他想像自己掉在一個柔軟的氣墊上，爲此次活動劃下完美的句點。

平衡身心無所畏

一九九七那年成功對抗腳踝受傷事件，免於截肢命運，也算是我生活中的一項成功。從那時起，我變得在心理上不是那麼在意身體上的各項病狀，不再過度憂慮事件的演變，並再次利用自我意志，養成固定運動以活動筋骨的習慣。雖然受傷以後，身體無法隨心所欲移動，都令我不再那麼喜歡運動，但運動對我來說，卻是相當重要的，如果缺乏適當的運動，維持身體狀況，恐怕我的身體永遠不會有復原的一天。我亦開始進行食療，除了吸收一定的營養外，並將體重控制在一定程度內，減輕肌肉與心血管循環系統的負擔。在一九九七年的感染事件後，我的皮膚情況並未再度惡化，這讓我能夠坐在沙發上維持固定姿勢，即使時間長達十四至十五個小時，也不會出現太大問題，以前我最長不過只能坐五到六個小時。透過規律的運動，我也擺脫了尿道感染的困擾，更維持肺部功能運作如常。

對我來說，生活就是項艱難的任務，失敗與挫折更如家常便飯。就在最近，我的胃部出現嚴重脹氣現象，甚至嚴重到影響呼吸，X光片顯示，在我的胃部與小腸都有極多的空氣，對我的橫隔膜造成莫大壓迫。這個問題可不是光靠意志或身體間的連結就能解決，我改變了目前的飲食習慣，減少攝取會令我脹氣的食物，更經歷一連串的醫療程序，將體內已有的脹氣排出。

或許我還在學習如何以心靈控制身體情況的初期學習階段，無法隨心所欲地運用強大的心靈力量，但至少此刻，我似乎已經能夠利用堅強的意志力來處理緊急狀況，就如同面對可能截肢的困境時一般，那時，我更了解到，我應該可以運用心靈的力量完成更多的事。現在我更確信，不論在身體內的病毒或細菌何時要來侵犯我的健康，我都能夠利用心靈與身體的連結，配合堅強的意志力，加上藥物醫療的協助，保持健康的身體，同時做好面對未來挑戰的準備。

第四章

珍愛上天恩賜的禮物

一旦為人父母，對我們的孩子而言，什麼樣的養育才算成功，每個人各有不同的見解與定義。我認為，培育孩子對人生與生活的熱情，才能稱得上教養成功。我們必須讓孩子學習如何盡力過生活，並發揮自己的潛能，一部分的潛能是可能被發掘出來的，但另一部分的潛能要靠年輕人在成長過程中自我學習而得。我們無法期待孩子是父母的複製品，他們生來就是獨立的個體，孩子的想法應該被尊重，父母的職責在於給予適當的工具、引導與機會，好讓孩子憑藉著自己的力量向前邁進。

——二〇〇一年十月，在布朗大學進行的演說

一九五二年九月，當我呱呱墜地時，我的父親富蘭克林（Finklin）年僅二十四歲。父親跟我的關係是錯綜複雜的，隨著年齡的增長直至成年，父親與我之間的情況也愈來愈糾纏難解，但至少令年輕的我相當高興的是，我的父親是年輕力壯的。父親是大學教授，原本在哥倫比亞大學任教，後來又轉赴耶魯大學擔任教職，他的假期跟孩子們的假期總能兜在一塊。我的親兄弟班，加上同父異母的兄弟姐妹——布洛克(Brock)、馬克(Mark)與艾莉森(Alison)，這一大家子的小孩都是父親的最愛。擁有一位年輕的父

親就有這個好處，他走到那裡幾乎都帶著我們，我們佔據了父親的關愛。

每當聖誕節來臨，全家一起去滑雪是最常進行的活動，父親與繼母海倫(Helen)就是孩子們最佳的滑雪教練。他們兩位帶著我們一同前往位於佛蒙特州的鄉間度假小屋，附近就有好幾處滑雪練習場，我們五個蘿蔔頭從第三級的坡道開始練習，逐漸自行在坡度更陡峭的坡道上滑行。如果我們想從高山的頂端向下滑，父親總會先滑到距高山頂端好幾百碼的低點處等我們，待他一聲令下，我們就會在他的嚴密監督下，一個接著一個滑向父親所在的位置。等到我們全部安全滑下來後，父親又會再往下滑幾百碼，接著再讓我們一個一個慢慢往下滑。這樣的過程總要重覆個好幾次，直到我們滑到山下爲止。

父親是我們的體育教練

父親是天生的溝通專家，對於我們這幾個年齡不同的小鬼頭，他總會運用我們這個年紀聽得入耳的話語與技巧，達成溝通的目的。在五個小孩中，我的年紀最長，而馬克最年幼，我們兩個差了將近十歲，其他三個小孩的年紀則介於我與馬克之間。對我們而言，只要一句小小的讚美，就足夠讓我們雀躍一整天。

父親是個相當具有經濟與金錢觀念的人，滑雪場的入場費每人大約十美元，他認爲費用實在是太貴了，我們一定得好好利用滑雪場，才能讓入場費花得更有價値，所以，我們一定是最早到滑雪場報到、也是最晚離開的一家人。

但這樣的作法，有時候不小心就會讓令大家興奮不已的滑雪日，變成最爲悲慘的一天。只要我們買了滑雪場的票，不論天氣情況是好或壞，絕對阻擋不了我們一家人滑雪的意志與決心，而且在滑雪場的全天時間中，我們只有三十分鐘的午餐休息時間，不過，就我印象所及，我們五個小蘿蔔頭好像從不喊累，沒有人抱怨天氣太冷或是說出想去喝杯熱可可之類的話。

在父親如此嚴格的訓練下，我們個個都可稱得上是滑雪高手，艾莉森在十五歲時就有資格擔任滑雪教練了，現在，我們都到了四十歲以上的不惑之年，除了我之外，我的兄弟姐妹們仍是滑雪愛好者，亦把對運動的熱情毫無保留地傳給下一代。

我還是個小孩子的時候，每年到了春、夏季節，被我們暱稱爲「老爸」的父親又會化身爲游泳、滑水、網球與泛舟高手，在我大約九歲時，我已經學會駕馭單人獨木舟，在溪流中獨自直線前進。我的祖母在賓州波卡諾山附近有棟濱湖小屋，我的這些水上活動技巧多半是在這裡學會的，其他部分則是在康乃迪克河與長島附近的水域學習而來。

培養孩子各別興趣

隨著年紀增長，這些基本的水上活動技巧已經無法滿足我們了，有時候老爸會抽空，對我們進行個別指導，或是與我們一同探究每個人更感興趣的事。

班這個小子對電子與機械有著濃厚的興趣，老爸與他經常會耗上好幾個小時進行汽車維修，來伺候我們家裡那台二手寶獅（Peugeot）老爺車。就我印象所及，他們兩個從來不到汽車零件行採購配件，總是想盡各種方法，利用現有的舊備配，修好壞掉的線路、調整煞車、汰換舊有的避震器或是進行各種必要的微調。

馬克熱愛棒球與衝浪，老爸總是會跟馬克兩個人偷偷溜上閣樓，那裡藏著一台黑白電視機，上面還放著像兔子耳朵般形狀的天線，打開這台早該淘汰的破爛貨，窩在那裡看洋基隊打球。基本上，我們家的客廳裡是不准擺電視的，以免我們養成看電視的壞習慣，但老爸與馬克為了棒球，總是偷偷地違規。而家中的地下室，就像是老爸與馬克佈置的博物館一樣，他們兩個把以前從康乃迪克州到緬因州的水上駕船活動時，所收集到的石頭、貝殼等玩意兒放在那裡，三不五時就向我們炫耀一番。

布洛克與艾莉森對音樂如痴如狂，布洛克彈得一手好鋼琴，被我們暱稱爲「阿亞(Alya)」的艾莉森則對長笛情有獨鍾，老爸則吹奏豎笛。到了下午或用完晚餐之後，布洛克、艾莉森與老爸三人就會開起小型演奏會來，他們的樂音總會把附近鄰居吸引過來，我們家立即變成一個小型的音樂會場。

布洛克與艾莉森從小就學習馬術，只不過艾莉森早已半途而廢，只有布洛克對馬術的興趣持續不減，直到現在，他還是經常騎馬。老爸與布洛克常會共騎一匹馬到馬場去，在馬術教練的指導下學習與馬共處，當艾莉森開始翹課的時候，布洛克還是表現出對馬術濃厚興趣，學習馬術中的跳躍部分，這也成爲布洛克與老爸的特別時光。

而我呢？就如同成年後選擇的職業一樣，我對於戲劇有強烈狂熱。年輕時，我也稱得上是位滑雪、滑水與網球高手，但十四歲那年的暑期表演夏令營，成了我生命中最大的轉捩點。那時我成爲戲院的學徒，過了不久，我就加入一個巡迴話劇團體，成爲表演團體的成員之一。

表演理念不同的忠實觀衆

老爸是逐漸喜歡我的工作的，每當我結束一場演出後，身爲忠實觀眾的老爸總會提出建設性的建議與批評。第一個告訴我，我在舞台上時，雙腳總是過度伸展，看起來就是一副緊張兮兮的模樣，走起路來總是不太自然的人，就是老爸。

我演出那齣名爲「百依百順愛人」(The Complaisant Lover)的絕版英國喜劇，在劇中我扮演一位上層社會、年約四十多歲的紳士，但我那時不過才十七歲，他相當肯定我在劇中刻意裝出符合那樣年紀的語調，但卻明顯看出我根本不會抽煙，在演出抽煙戲時，處處可見斧鑿痕跡。不過，這齣喜劇還是讓我獲得相當的肯定，也確認戲劇領域是我能發揮潛能之處。

家族中沒有任何人走上演藝之路，這讓我覺得自己非常獨特。老爸格外欣賞我在舞台劇的表現，卻不太習慣我在電影裡的演出。尤其當我在離家不遠處的劇場演出時，這個劇場離河岸僅咫尺之遙，他駕著家裡那台二十六呎長的遊艇，前來看我表演。我在表演上的成績愈來愈好：有個夏天，我在波士頓演出後，緊接著又到緬因州巡迴表演，還在麻州的鱈魚角進行了四場演出。

在我就讀研究所期間，就開始參與電視與電影等商業表演，這令老爸與我之間的想法產生了些許衝突，老爸是位學院派人物，他認爲劇場才是最能表達語言與意念之美的地方，他對電影、甚至是所謂的藝術電視興趣缺缺，除了對電視轉播洋基隊棒球賽有興趣外，他對其他的電視節目簡直嗤之以鼻。

即使如此，對老爸在我演藝之路上的支持，我依舊滿心感激，也感謝老爸能與我一同分享這樣獨特的經歷，若非老爸當初的鼓勵與支持，我不會有自信去進行如此具有挑戰性的演藝生涯，更遑論在演藝界佔有一席之地了。

樂於陪伴孩子成長

當我二十七歲時，我的長子馬修誕生，那是一九七九年的事。我希望自己能在比較年輕時就成爲父親，在未來的日子裡，才能夠有足夠的體力參與活動，陪伴孩子一同成長。我想教導他們人生的事理，向他們介紹各種多彩多姿的活動，給予他們充分的自由與心靈成長空間，讓孩子們自由選擇他們未來的人生，自己決定長大後想成爲什麼樣的人。在我三十一歲那年，亞歷珊卓成爲我們家的一份子。直到一九九二年，在我四十歲生日前夕，威爾這小子的誕生成爲我生命中最棒的生日禮物，即使當時我已年近四十，但我還是認爲自己是個年輕有活力的父親。

在我的三個寶貝年紀很小的時候，就像老爸一般，我也開始教導他們學習與參與各種活動，馬修與亞歷珊卓在四、五歲時就開始在山坡上玩起雪橇，威爾在二歲時，就在客廳玩起果汁瓶曲棍球與塑膠製高爾夫球了。隨著他們一天天長大，每個人都發展出獨特的技能與興趣，這些互異的興趣使他們成爲獨立的個體，但血濃於水的手足之愛，又把他們的感情與心靈緊緊繫在一起。

馬修相當熱愛網球、釣魚與電影；亞歷珊卓則對馬術情有獨鍾，在我一九九二年拍攝電影「長日將盡」(The Remains of the Day)時，亞歷珊卓與我經常騎著馬，徜徉在看起來無邊無際的英國鄉村草原上，身著英挺的獵裝，感覺就像英國公爵般的王公貴族一樣。亞歷珊卓年紀尚幼時就開始學習低音管，當時這個樂器比她的個頭還大。亞歷珊卓與我經常會來段二重奏，她吹奏低音管，我負責鋼琴伴奏，當我們覺得有些樂章已經合奏得不錯時，我們就在家人面前舉辦小型家庭音樂會，然後再練習新的曲目。我們樂此不疲。

我期盼自己能在年輕時就成爲父親，還有一個重要原因，我想，只要年輕，就擁有無盡的活力與熱忱。我喜歡嘗試任何有新鮮感的新活動，我經常對馬修下戰書，要求來一局西洋棋，甚至有時一時興起，就讓孩子們套上馬靴，來一段健行活動。當我們駕駛帆船出海後，停泊在風平浪靜的大海中時，我會套上潛水設備，潛入海中找出任何可能的獵物。馬修與亞歷珊卓在深海中時，總會擔憂遇上不知名的生物，一旦發生這種情況，他們兩個便急急忙忙浮上海面，很難說服他們克服這種恐懼，尤其是有次我們在海中碰上一頭巨大的象鮫時，當時這頭象鮫正要浮上海面曬太陽，而我們正在船板上、準備再次潛入水中，象鮫的出現，眞的把馬修與亞歷珊卓嚇壞了。

家人們可以一起共享的活動實在是不勝枚舉，而我也希望利用這樣的活動，增加彼此間的雙向互動；有時我會找他們一起參與某項活動，而孩子們三不五時也會找我一起分享他們的想法。孩子們與我的互動相當密切與親密，我們經常擁抱、窩在地毯上談天、騎在我的肩膀上、打枕頭戰，還會玩拳擊遊戲。有時我會幫孩子們洗澡，還會在睡前和他們一同窩在床上讀故事書、把ＯＫ繃貼在他們受傷的部位上，有時還跟他們一起玩醫生護士遊戲。這些活動對於建立孩子們的安全感相當有幫助，而安全感正是孩子們最需要的。

傷後拉近親子距離

然後，在維吉尼亞州那次墜馬事件，就在我的頭部著地的那一刻起，每件事立時出現極大的轉變，至少我這麼認為。當我躺在加護病房時，我自認沒有資格成為我的三個寶貝的父親了，我心想，身為一個四肢無法動彈的癱瘓者，不僅意味著我的生活已走到盡頭，再也激不起任何火花，更代表著將對孩子們的內心與情緒帶來難以抹滅的傷害。我全身無法動彈，跟個廢人沒兩樣，我們不再能一起玩遊戲、做活動時，我要如何與孩子們互動？我無法自理任何事物，孩子們與我又要如何調整與適應呢？我無法再度張開雙臂擁抱他們、我三不五時就得進醫院、我身邊總有二十四小時輪班的看護圍繞，我將成為一個什麼樣的父親呢？

在意外事件發生的幾周後，也就是一九九五年的夏天，這些答案逐漸浮出輪廓。當時馬修與亞歷珊卓住在醫院附近的小旅館，只為了每天能到醫院探視我。黛娜、馬修與保母每天也幾乎做著同樣的事，我持續告訴他們：「我還好」，要他們放心去度假，去享受美好的夏日，而不是把時間浪費在醫院與復健中心裡。但他們告訴我，這時候只想跟我在一起，即使醫院規定每天的探病時間只有二到三個小時，他們也不願錯失這短暫的時刻。就算無法陪在我身邊，他們也希望我知道，他們就在附近，在離我不遠處。

在會面的時間中，我們花很多時間聊天，我很快地發現，在我發生意外前，孩子們與我並沒有深入的交談。每當馬修與亞歷珊卓放寒、暑假，從英國飛回美國波士頓機場，來到黛娜與我的身邊時，我會開著車到機場去接他們，一起開著近三個小時的車程，回到我們位於麻州的家。我記得在車上時，我們開著收音機，聆聽各音樂頻道，我們的話題只圍繞在音樂上，從搖滾樂、古典樂、協奏曲到西洋老歌。我問他們是否能分辨音樂的節拍，某首樂曲的節拍爲何？他們能否描繪某個古典樂章的韻律？是慢板、行板、快板或是其他？搖滾樂與流行音樂的區隔何在？能否以音律加以區分？

有時候我們駕著車，行駛在麻州的公路上，亞歷珊卓會用她那刻意裝出的英國腔問我：「老爸，你知道嗎？這是好久以來，我們之間第一次進行這麼眞實的對話呢！我們好久沒有東拉西扯一番了。」我知道，亞歷珊卓是對的，並非孩子們與我之間從未談話，而是每次聊天時，我總是心有旁騖。而今，我很快地學到要傾聽孩子的言談，而不是在孩子面前滔滔不絕地發表個人意見，這樣的做法讓我與孩子之間更加親密。有時甚至只要陪在孩子們身邊，什麼也不用做，就能拉近彼此間的距離，孩子們與我的心靈更接近，他們的陪伴給了我活下去的最大力量。

敞開心胸聆聽

對威爾來說，就有這樣一個例子。當他六歲時，剛開始學騎腳踏車，只要腳踏車旁沒有裝上兩個輔助輪，他根本不敢跨上腳踏車。黛娜只好花好幾個小時，彎著腰扶著腳踏車後座，讓威爾能安心地在院子裡騎車，如此一來，可把黛娜整慘了。

我決定試試能否幫得上忙，我告訴威爾，先把左腳放在地上，右腳放在踏板上，保持平衡，然後再把左腳也放上踏板，試圖以平衡狀態前進。我說，只要雙手保持穩定，就不會從腳踏車上摔下來。威爾仔細地聽我說的每一個步驟，也做出再度嘗試的姿勢。然後他又呆住了，害怕踏出第一步。我告訴他，學騎腳踏車是要花時間的，但我已經準備好一直陪著他，我整個下午都會坐在門廊這裡，直到他學會爲止。我也向他表示，我從來不會強迫他做任何可怕或困難的事，相信我所說的話，他一定能學會騎車的。

威爾沒有抱怨，但從他呆坐在腳踏車上好長一段時間，可以看出他的內心有許多掙扎與害怕。之後，我宣布，在我數一、二、三後，他一定可以做得到，於是我慢慢數完，喊「開始」後，威爾也用力踩下踏板，雖然有些歪歪斜斜地，但至少他做到了，他會騎腳踏車了。

剛開始時，威爾還有些小心翼翼，只敢繞著院子騎一小圈，接下來他愈來愈大膽，當他第一次騎過門廊前時，臉上充滿專注與嚴肅的表情。第二次經過時，已經綻放微笑。在接下來的十五分鐘，威爾似乎已經完全掌握了騎腳踏車的訣竅，也逐漸地加快速度，直至他煞不住車，直直衝向門口的郵箱為止。但威爾學會了騎車，而且也不再懼怕進行下一次的嘗試。

如果有人在我受傷前告訴我，只要用說的，就能教導小孩學會騎腳踏車的話，我一定認爲他在唬弄我，這絕對是不可能的事。不過，在這次教導威爾學騎腳踏車的過程中，我了解到一件事：時間點是相當重要的關鍵，只有在對方敞開心胸，認眞傾聽，將你所說的話一字一語都聽入心坎中時，這些口頭的指導才會產生正面效益。此外，在用字遣詞上也必須審慎小心，特別是年長者或位階高者對年幼者或位階低者說話時，必須字斟句酌，以免一不小心就成了訓話大會，或形成誤解，反而適得其反。

在我癱瘓後的前幾周，我就像個小孩一樣，醫師就如同我的父母般，護理人員就成了我的兄姊，我努力的聽進他們所說的每一字、每一句，試圖解讀他們的面部表情，找出他們對我的病情的眞實判斷。醫護人員說的話與任何動作，都對我的身心帶來極大衝擊。我記得當時發生的所有事情，有時候在我的腦海中不斷重覆播放著過往生活的一幕幕景像，當我被告知，我的脊髓損傷情況相當嚴重，肩膀以下的部位恐將終身喪失所有的知覺與運動能力，在其後的數個月中，這些字句始終縈繞在我的腦海中，一再地困擾著我。但之後又有人告訴我，這樣的診斷或許有誤時，癱瘓情況或許有療方，我肩膀以下的知覺與運動能力或許有重新恢復的一天時，我的精神立即為之一振，我認爲自己重新邁向復原之路。

省思父親角色

在受傷初期，似乎又回到孩童時期的經驗，讓我對父親這一角色，又有全新的思考與詮釋。我開始對父母的用字遣詞與細微動作變得非常敏感，而且堅信這些不經意的言語與動作，或許不知不覺就會對孩子的心靈造成傷害。我們持續不斷地檢視溝通的情況與程度，一旦孩子誤解我們想表達的意思，或是無法表達他內心的感受或想法時，我們就會立即採取行動，排除任何有礙溝通的障礙。

在馬修剛進大學、成為大學新鮮人的那一年，我們有幾次感覺不太對勁的對話，從他談話的語氣中可以發現，馬修不太像原本那個我們熟悉的他了，雖然他一再強調他還好，在大學裡的每件事都還蠻順利的，但我可以感受得到，他想從我口中得到的安慰。我告訴他，這個周末不妨給自己放個假吧，或許利用這個周末回來看看，休息一下，或是前往其他城市吃頓豐盛的晚餐，或是找三五好友一起玩野戰遊戲。其實我心裡的盤算是，希望馬修能回家，與我單獨相處一陣子。

到了周日下午，馬修回到家了，整個下午他都在我的辦公室裡，待了將近四個鐘頭，我只對他說，我想知道你的心裡究竟在想什麼，如果說出來會讓他覺得較為舒坦，我願意當個最好的聽眾，不論他說了些什麼，我都不會打斷或批評他。

馬修打開他的心防，滔滔不絕地傾吐內心的想法，或許正因我卸下了他的防備，讓他不須擔憂說出這些話後，可能會面臨來自父母的壓力。馬修透露他對學校課業的困擾，包括與教授相處的問題、與同學互動的情況、大學生活遠比他想像中的平淡，這些都是馬修小時候從來不會跟我談論的事。

對於馬修所言，我實在相當驚訝，特別是他提到我們兩人之間的相處情況，我這才回想起，馬修與亞歷珊卓年幼時，我們之間的對話都相當有禮貌，每次當我問他們有沒有意見時，他們的回答總是千篇一律的「沒關係」、「還好呀」，即使是在惡劣的天候中，我們還是決定進行長途越野單車旅行、外海航行或是登山健行，我詢問他們狀況如何時，那時正處於青少年階段叛逆期的他們，回答依舊是「還好」。

孩子使我成長

那個周日下午與馬修敞開心防對談的時光中，我了解到，如果我能夠早點仔細地聆聽他們的心聲，時至今日，馬修或許不會感到這般困擾。不過，現在開始亦爲時不晚，在內心裡，我不斷地提醒自己，沒有一個人有權利去反駁或改變其他人的認知與想法。當孩子告訴父母，當父母做出某種動作或是說出某些話語，令他們感到難過或受傷時，父母絕對不能告訴孩子這並非事實，孩子必然有此感受，才會鼓起勇氣說出口。爲人父母，我們應當試圖探究與找出孩子這麼想的原因。最糟糕的莫過於，父母不加思索，隨即反駁孩子：「你是錯的，你老是誇大其詞，你在竄改事實。」像這種時候，父母反而要真心對孩子說抱歉，而且要讓孩子感受到誠意才行。

爲人父母是上帝的恩賜，即使身爲父母意謂著必須承擔更多重責大任，孩子仍是上天送給我們最棒的禮物。孩子降臨這個世界實在是個奇蹟，毫無條件地給我們無盡的愛意，爲了回報孩子的愛，父母唯一能做的，就是爲孩子創造一個適合他們成長的環境。

馬修與亞歷珊卓年幼時，我是個健康的人，能靠自己的雙腳站立，我一直認爲，這樣應該就足以成爲一位好父親；我試圖讓他們的童年更加多采多姿，擁有比我更豐富的童年。我把相同的模式應用在威爾身上，在威爾二歲之前，事情進展地好像還算順利，如我預期一般，孩子們看來相當興奮，我認爲擁有豐富童年是他們的權利，而非義務。

但在受傷後，我決定展開新生活之際，責任立即如排山倒海般湧來。不過，正因爲我的三個寶貝，是我下定決心面對生活的主要動力，他們與黛娜給予我的愛，讓我得以克服對他們的愧疚感與身體的殘缺，在他們的支持下，我才能成爲一位比以前表現更好的父親，對此我充滿感激。未來，我衷心期待能與他們一同成長。

第五章

內心深處的呼喚

當我做了好事，內心即充滿喜樂；當我做了壞事，內心亦痛苦萬分。這就是我的信仰。

——亞伯拉罕・林肯(Abraham Lincoln)，一八六〇年

最近這幾年，難以計數的人這麼說過：「當你面臨各種嚴苛的考驗時，你的信念將是絕佳幫手與支持。」接下來他們會問：「什麼是你的信念？你信仰什麼宗教？」我當然可以說他們想聽的話，告訴他們我是一個虔誠的基督教徒，浸潤在信仰世界多年了，但這樣的答案實在令人心虛。事實上，直到最近我才找到我的信仰與宗教，而所謂靈性的意義何在，這個問題困擾我多年，也在最近才找到答案。

當我就讀於位於紐澤西州普林斯頓中學八年級時，宗教方面的研究是教材中相當重要的一部分，宗教課程更是九年級生的必修課，其後相關課程才是選修。八、九年級的課程旨在介紹世界上的各種宗教概論，並探究宗教的起源，多數宗教都與美國文化互有關聯。對於來自東方的宗教，如道教、神道教與佛教等基本理念，都讓我相當好奇，我

喜歡這些宗教中倡議的概念，對世上萬事萬物要有敬畏之意，包括樹木、花朵、土地、水與天空等，各種生物都是神的化身。

相較之下，源於西方的宗教卻令我感到擾亂不安。在青少年時期，我加入教會裡的唱詩班，但有些聖歌歌詞讓我相當惶恐不安，它們是這麼唱的：「上帝是萬能的天父」、「前進中的基督士兵正要迎接聖戰」、「上帝可怕又銳利的刀劍，閃耀著命運註定的光芒」。

對基督教有所質疑

對我來說，我們雖然是上帝恩寵的子民，但祂卻運用這種令人心生恐懼的作法，讓我們跟隨他的腳步。如果在上帝的眼中，我們是聖潔與正直的，我們將安全無虞，上帝將保護祂的子民，讓我們遠離罪惡。但若我們踰越此一界線或無法符合祂的期望，我們也會因而受罰。這就像父親對子女賞罰分明的機制一樣，在家裡已是如此，何必要在尋求心靈慰藉的宗教中重塑這樣的環境呢？

偶爾我也會參加教會活動正式開始前的主日學，目的是藉此擴展我的視野，也爲了取悅我的繼父崔斯坦．強森(Tristam Johnson)，他是教會中虔誠的一份子，從小就與教會結下不解之緣。遺憾的是，我並沒有從主日學裡學習到太多宗教的信仰。主日學老師——比爾．柏德賴(Bill Bradley)後來成爲參議員與職籃明星，不過，當時他只是普林斯頓大學的學生。朋友與我經常在周六跑到比爾家和他一起打球，我們上周日上午的主日學時更不專心，我們總是會把話題從聖經岔開，要求比爾大談籃球經。

在學校裡上宗教課時，正好是十三歲的叛逆期，對權威極度不順眼，這也令當時的我遠離宗教信仰。在課堂上，宗教給我的觀感只是難以忍受、充滿壓迫感，宗教迫害、教會官僚階級從無知、貧窮的信眾處剝削大筆財富。我們從課程裡還學到，宗教是引發戰爭的罪魁禍首，中世紀的十字軍東征，正是帝國主義者假藉耶穌之名進行侵略之實。我們讀到了十六世紀探險家與傳教士到美國這個新世界的故事，他們不斷從原住民手中掠奪土地所有權，並相信解放這塊蠻夷之境是他們責無旁貸的「天職」。在生物課中，我們學到了生育控制與家庭計畫；在宗教課程裡討論當代天主教教義，但我們之中絕大部分的人，都搞不清楚其中的內容。我們接二連三地向老師提出質疑：如果天主教的教士不准結婚，那他們如何擔任信眾的婚姻諮詢者？天主教強烈反對節育，但不准開發中國家執行生育控制政策，豈不造成更多民眾與家庭生活在難以溫飽的貧困境地？而全球人口過度成長與世界性的饑荒，等我們長大以後，會不會成爲難以解決的問題？

邂逅「精神教派」

除了學校與教會的影響之外，在塑造與養成人格的過程中，身爲無神論者的父親是相當關鍵的角色，不僅讓我在長大成人的過程中，沒有任何宗教方面的輔助或建構任何宗教信仰。對於心靈與靈魂等形而上的事物，我更是一點概念也沒有。我的心裡全圍繞著此時此刻的各項事物，以積極與獨立自主的態度生活。當我進入大學，其後前往紐約展開我的表演生涯時，我並未尋找或思索以下人生課題的答案：我們爲何存在？生存的目的爲何？是否眞有「正確的」人生？

一九七五年的秋天，我住在上西城區的公寓，排演著與凱薩琳·赫本(Katharine Hepburn)合演的百老匯舞台劇「生命之重」(A Matter of Gravity)，那時我不過才滿二十二歲，正是年輕氣盛、意氣風發的時候。這樣的心態其來有自，我剛取得康乃爾大學的學士學位，隨即進入茱莉亞演藝學院攻讀碩士學位，在好幾個大型的外百老匯劇

（Off-Broadway）中，佔有主角地位，還在當時正在播出的電視連續劇裡，演出一個聲名狼藉又惹人憐的壞傢伙。工作之餘，我學習飛行課程，在紐約這個大城市裡，我稱得上年輕有爲的黃金單身漢。

有天下午，我前往雜貨店的路上，在人行道的另一端碰到一個年輕人，手中拿著一個「免費人格測驗，不須負擔任何責任與義務」的告示牌。我心想，反正也不會有什麼損失，在好奇心的驅使下，我隨他進入他身後一座老舊公寓的六樓，那間房屋的大門並未上鎖，當我推開門時，我發現自己身處「精神教派」（Church of Scientology）的紐約總部裡。

這整個地方充斥著活力與行動力，在其中最大的辦公室裡，大約有三十個人坐在辦公桌前工作，或是群聚爲一個個小團體，壓低音量但熱切的對話著。這些人約莫二十多歲到三十歲出頭的年紀，外表看來都相當整潔俐落，男士們穿著短袖襯衫、打著領帶，女士們則身著剪裁合宜的裙裝或長褲。離我較遠的角落裡，有六位精神教派的信徒排成兩排，彼此面對面，沒有人開口說話，每個人都專心注視著對方的眼睛，絲毫不受在同一辦公室內其他教友們活動的干擾，即使我對他們進行這種活動的目的感到懷疑與不解，但他們表現出來的專注程度，卻讓我印象深刻。

進行「免費人格測驗」

有個年輕人和我在人行道遇到的人十分相似，中等身材，穿著一件燙得筆挺的白襯衫，打著一條看來保守的條紋領帶，他走向我，歡迎我來參觀。他告訴我他的名字，熱切地和我握手，他親切地詢問我是否需要協助，在這個過程中，他的眼神從未避開，始終直視著我。我告訴他，我對「免費人格測驗」相當有興趣，他表示：「當然沒問題，請稍待一下。」他快步走出辦公室，隨即取來一份表格，讓我填寫，接下來我記得，我被帶到接待區的辦公桌前，在表格上填入姓名、地址、電話號碼、社會安全號碼、職業、生日、父母親的姓名……等等詳細資料，其中有個問題：「你是否加入任何教會？」我毫不考慮地寫下「沒有」。

我將填寫完畢的表格交給他，他檢視表格內容時，我坐在旁邊等待，還與精神教派辦公室的其他教友們簡單閒聊了一會。他把我填寫的表格拿給其他教友看，還商討了一番，他隨即又拿了另一張問卷要我填寫，這時才真正展開所謂的人格測驗。他請我回到原本的座位上，要求我審慎地、誠實地、完整地回答所有的問題，他並表示沒有時間限制，答案也無所謂的正確或錯誤。

當我詳細看了題目時，我眞希望這是個多重選擇的測驗題。我完全沒料到，我必須回答二十個簡答題，這些問題都與我個人情況有關，我開始懷疑：「誰來爲這份問卷打分數？」是否有所謂的專業測驗專家，爲每位來到此處的人仔細評估他們的人格特質？但我提醒自己，反正這是免費的人格測驗，沒有任何義務或負擔，只要把空白地方塡滿，得到測驗的結果，就可以盡快離開此地。

事情果然不是我想像地那麼簡單，我花了將近四十五分鐘的時間，盡我所能地塡寫問卷，當我終於大功告成，把問卷交給精神教派裡的工作人員時，我自認完成一份對自己相當客觀的評估報告，我還能多寫些什麼？至少在考量此份問卷答案並不會有絕對的對與錯判定情況下，這應該是我所能回答的極限了。

我滿心期待，盼望能在這個下午就得到我想要的解答，但我卻被告知，在今天下班前，恐怕沒有足夠的時間審視我的問卷，他們希望我明天再來，最好是在上午十一點抵達，他們再與我詳談。幸運的是，隔天的行程安排，午餐後才開始進行戲劇排練，隔天上午剛好有空檔，可以把這件事搞定。不過，若以後見之明來說，早知道就把戲劇排練時間安排在上午，就不會惹出之後的一堆是非了。

第二天上午，我按照約定的時間出現在精神教派的紐約辦公室中，其實，對於自己的鍥而不捨，我實在不太確定此事的意義何在，或許是競爭的天性再度浮現出來：凡事總要追本溯源、一探究竟才會甘心、才願意收手。想知道問卷的答案與評分，正是這種心態的表現，就如同擊出一支全壘打，跑回本壘時，總要與隊友擊掌歡呼，才算劃下完滿的句點。但這件事的結論是，我大錯特錯！昨天負責接待我的那位教友一如昨日般，以相當親切與溫暖的態度和我打招呼，然後他帶我下樓，進入一個豪華的、設備完善的私人辦公室內，很明顯是精神教派紐約總部裡的隱密空間，看來就像公司董事長或執行長的辦公室一樣。

「清除」負面因子

我還沒有足夠的時間仔細端詳辦公室的陳設前，三位看起來是精神教派的重量級人物走了進來，他們逐一親切地與我握手，簡單地自我介紹，並投以溫暖與堅定的眼神接觸。這種人與人間直視而不逃避的目光交會，是我一踏進精神教派辦公室就發現的特色，可說是精神教派的標章。他們邀請我坐在相當舒適的沙發上，其中一位資深人士以相當雀躍的語調，告訴我一些壞消息。我已經記不得他的職稱了，但令我印象深刻的是，我所回答的問卷上沒有標示出任何評分、等級、量化評估，僅有他們的判斷：他們認爲，我已深陷極度憂鬱的情況中，而且自尊心低落，把周遭人士的情緒包袱都攬在自己肩上，情緒上的危害已經嚴重威脅到我的肉體健康，以往生活的經驗也加重了這些傷害，他強烈建議，我必須展開所謂的「訓練課程」，其他精神教派人士連連稱是。

對於任何批評，我都相當敏感，他們所說的話引起我極大的衝擊與震撼，或許我的生活就是個幻影，我根本不了解自己，情況差不多就是這樣。因此，我答應他們，明天在戲劇排練前，我會再度前來此處，以開放的心胸進一步探索精神教派。

在精神教派創始人羅恩·哈伯德(Ron Hubbarrd)撰寫的書籍中，他提出了該教派的基本原則，對我來說，這些原則充滿邏輯性及高度激勵性。工程師出身的他，以極爲複雜的邏輯程序、類似電腦管理程式般地分析人的心理，每個想法、每種情緒、每項經驗，都儲存在心理的記憶儲存單位中，若我們未「清除」在情緒儲存格內的負面因子，如自我憎惡、憤怒、嫉妒、悲觀想法、麻木無感等情緒，自然無法享有欣喜情緒與到達成功境地，就像電腦運作一般，記憶體內的資訊過多，很容易使電腦當機。若我們無法摒除這些記憶儲存格內的負面情緒，即會「陷溺」其中，錯誤也會一而再、再而三地重複出現，無法從生活中獲取成就感，而陷入一事無成的窘境。

沒有一位精神教派人士願意預估，這種「清除」過程要花上多少時間？但他們暗示：需要一段時間。首先我必須加入小團體，就像我第一天踏進精神教派紐約總部看到的情況一樣，要與坐在我對面的教友進行直接的眼神接觸，彼此對視，這個活動的目的在於清空內心深處的雜亂思緒，如同清除雜亂無章的事物一樣，讓我們把注意力完全集中在對面的教友上。一旦我們完成這項稱爲「TR－0」(第零期訓練課程)活動，並吸收其中的意義與精髓後，我們應該可以不再執著於自我知覺與自我意識，每當心中雜亂的思緒想要重新打開我們的心門時，我們將不再爲此負面情緒感到困擾，我們應該可以確認出這樣的情緒，並利用意志力將其驅趕出去。

剛開始時，要把注意力放在對面的人身上，持續注視對方，我想眞的沒有幾個人能夠做得到。我的腦袋瓜裡充滿了各種紛亂的思緒，包括對自己的想法以及揣測對面的教友在想什麼。我逐漸抓到訣竅了，有點類似超越主義學者倡議的冥想活動一樣，我必須學習清空內心的思緒，接下來才能夠與對面教友分享心靈空間。我必須承認，這樣的課程令我興致高昂，若我上午前往教派總部參加大約一個小時的課程，當我離開時，我會感覺自己相當放鬆，而且充滿活力。

昂貴耗時的查核過程

TR-0的訓練經驗不需花太多錢，最多不過數百美元，但下一個「查核」階段，可就所費不貲，而且耗時費事了。精神教派要求每位學員與所謂的「查核員」進行一對一談話前，先繳交三千美元，與查核員的對話時間約為一小時，而在一九七五年時，與私人心理醫生談話花費的金額還不到三千美元的一半。

當時我好似被洗腦般，堅信我需要經歷此一「查核」階段，於是我乖乖地繳了錢，開始與「查核員」進行每周為期兩次的對話。在對話的過程中，她對我的藍眼、褐髮相當有興趣，更對我的年齡，以及我為何從中西部來到紐約等感到好奇。她在她的家鄉完成了所有的「清空」過程，成為一位合格的「查核員」後，帶著介紹信來到精神教派的紐約總部，她不僅懷著對宗教的熱忱來到此地，她的眼神裡更充滿著對這個城市的憧憬與期待。

在我們對話的過程中，我們對坐在桃花木製的桌子兩側，在她的面前放置一個「情緒測量儀」，其實這不過是個簡單的盒子，上面包含一個波動的指針，以及一張記載著數字一到十的卡片。從盒子裡拉出了兩條電線，電線的另一側連接著錫製的小罐子，她要求我的雙手各持一個這樣的小罐子，在我回答問題時，身上的電波運動會透過這個裝備傳向測量儀上，指針也會因而震動。說穿了，這個「情緒測量儀」不過是個粗製濫造的測謊機，當我被問到不想被揭穿的私人事務時，我對於這些問題難免會有所隱瞞，「情緒測量儀」的指針就會指向數字十的位置，謊言就會當場被拆穿。對於這種情況，心中難免浮起自己實在窘呆了的感覺，但既然已經繳了那麼多錢，硬著頭皮也要完成這個課程。

還有一個原因讓「查核」過程如此昂貴又耗時費事，在此一訓練過程中，參與者被要求回想自己曾經使用過的所有藥物，不單單是那些非法藥品，包括止痛藥、抗生素、甚至預防注射，只要使用過藥效比阿斯匹靈強的藥品，都得一一列舉。精神教派的創始人哈伯德認爲，如果我們不把這些藥物從心靈電腦的記憶體中去除的話，就無法完成「清空」過程。很明顯地，對某些人來說，這是相當困難的過程，更何況，當一個人患了痲疹時，爲了治療，他如何能夠排拒使用盤尼西林或是藥物注射呢？還好他們並未要求學員列出曾經吃過的食物，有誰記得起來抽過多少根香煙或喝下多少杯啤酒呢？

光是列出我曾經使用過的藥物就花了四到五次的對談時間，接下來查核員開始詢問我以往的生活經歷。她要求我盡可能回想童稚時期，甚至追溯靈魂起源，從靈魂在太虛漂浮游移開始想起，直到靈魂進入人類軀體爲止。我坐在查核員對面，雙手輕握著連接情緒測量儀的錫製小罐，我從前幾次的經驗中學到，如果我將錫製小罐握得太緊，不僅會讓雙手出汗，情緒測量儀的判讀也會失準。在查核員的要求下，我努力回想這個問題，但我根本想不起任何事物，在這個長達數十分鐘的沈默中，查核員亦不發一語，任由我自己執行這個過程。

展現演技釋疑

我對精神教派的懷疑開始浮現心頭，身爲一個演員，那時反而成爲我展現演技的機會。我閉著眼睛，慢慢回想前世悲慘的生活景況，那是在古希臘發生的事，當時我是一艘戰艦的指揮官，我和水手們在克洛特一戰勝利後，光榮地踏上回亞森城的路途中。我的父親是希臘國王，我是他的唯一子嗣，也是王位的唯一繼承人。數月以前，我帶領的艦隊離開比若爾斯海港時，父親緊緊地擁抱我，並要我保證一件事：「在你歸國的那一刻，如果凱旋而歸，就請你在船首升起白色的旗幟；若是不幸敗戰而返，就請升起黑色的旗幟。」

克洛特一役大獲全勝，當夜我們立即踏上返航之路，卻未注意到船首掛的是黑色旗幟。我們順風而行，很快地返抵國門，我們在船上大肆歡慶，美酒、音樂、舞蹈，觥籌交錯下，每個人的情緒都極為高昂，我下令士兵們可以盡情歡樂，大肆吃喝，全然放鬆心情、卸下戰備，因為家門在望，勝利正是我們歸鄉大禮。

到了第三天上午，希臘的海岸已經在望，比若爾斯海港就在不遠處，位於岬角上的斥喉兵發現了我們，傳令兵立即前去通知國王。大約一個小時後，在鑼鼓喧天聲中，國王來到海港邊，熱切地尋找在海岸地平線那一端的船艦，漸漸地，他已經看到我們的船艦了，但國王幾乎不敢相信他所看到的景象，沒錯，船艦的確自戰場上返航，但船首卻掛著代表敗戰的黑色旗幟。當時我已經被獲勝的喜悅沖昏了頭，竟然完全忘記父親要我許下的承諾，父親誤認他最心愛的兒子已經在戰事中犧牲生命，悲傷地無法自己，在絕望的情緒中，竟向海中一躍而下，當場身亡。

查核員所受的訓練是不帶情緒地傾聽教友們的說法，他們的職責是寫下教友的言談，並記錄情緒測量儀指針的反應，但我可以察覺得到，我的查核員深深爲我的故事打動，幾乎無法表現出她的專業態度。我意識到，她對我身爲希臘戰士，只求勝利卻忘卻對家人的承諾，以致造成父親——希臘國王死亡，所展現的罪惡感與懊悔而深受感動，她並推演此事，指出這正是目前我與父親的相處情況。

她的解讀促使我立刻結束所有精神教派的課程。我所說的，其實是個希臘神話故事，其中僅做了些微改編。原始故事是：西塞斯（Thesus）在克洛特城中殺害了牛頭人（the Minotaur），當他凱旋歸國時，西塞斯的父親——國王愛吉斯（Aegeus）因爲船首掛了黑色敗戰旗幟而發狂，於是躍入愛琴海中一死以求解脫。我預期這位查核員可能不熟悉希臘神話，光靠她的能力與情緒測量儀，她根本無從得知我在唬弄她，這個事實讓我立即從精神教派所稱的「訓練過程」中清醒，原本對此一過程的信任感也隨之煙消雲散。

當然，這是發生在一九七五年時的事，我的案例也許是例外，仍有許多知名與令人尊敬的人士相當推崇精神教派的思想，並認爲此一教派讓他們在事業、人際關係，尤其是家庭生活有所成就。我完全贊同，堅定的信仰讓人類變得更好，但我的問題是，人類總想利用宗教的教條來規範他人的行爲，並宣稱自己信仰的宗教才是唯一眞理。

我與精神教派之間的緣份結束，卻開啓了我追尋生命與靈魂意義之門，耗費數年精力，其間曾因方向錯誤而迷失，但到了最後，在歷經這場幾乎致命的墜馬事件後，我終於找到了答案。

第六章

傾力爲癱瘓者請命

有許多夢想乍看之下是無法實現的，仔細思考後，夢想似乎有成真的可能，一旦堅定意志，夢想終會成真。

人類既然能夠征服外太空，自然也能克服內心深處的恐懼不安，甚至能夠對抗那些影響腦部、中央神經系統運作，甚或是令人喪命的各種痛苦磨難，更不會斲傷了國家的發展潛能。

——一九九六年八月在民主黨全國集會時的演說

除非我們是健康的國家，否則我們永遠不是強國。

——一九四〇年，富蘭克林・羅斯福(Franklin Delano Roosevelt)

一九九五年夏天，紐澤西州凱斯勒中心的醫護人員們，幾乎是沒日沒夜、全心全力地努力著，希望能讓我的身體狀況穩定下來。史帝文・克須伯恩博士(Dr. Steven Kirshblum)領導醫療小組，我從未見過像克須伯恩博士這般致力於工作且充滿同情心的外科醫師。

每一天，他都是最早抵達、最晚離開復健中心的工作人員，我特別感興趣的是克須伯恩博士每周五返家的例行情況。身為一位正統派猶太裔人士，他的信仰要求他，在周五太陽下山前一定要返抵家門。在克須伯恩博士屢敗屢試的堅持下，他終於發現能夠符合教義規定，又能在工作場所待到最後一刻的好辦法。根據他的計算，只要他以一定的速度在人行道上快跑，就有辦法在七分鐘內從復健中心跑到家門口，但若碰上下雨或下雪，道路濕滑，所需的時間就要稍做調整。

就我所知，克須伯恩博士每周五都能如期返家，每到那個時刻，他總是一邊治療病人，一邊看著手錶，深怕趕不及回家。

克須伯恩博士身材極瘦，大約五呎九吋高，我在凱斯勒中心時，他不過三十歲出頭，可是每次看到他，他總是彎腰駝背。我決定代表所有坐在輪椅上的人告訴他，挺直腰桿是最基本的。有人告訴我，現在駝著背的克須伯恩博士，曾經是大學籃球校隊成員，實在太令我震驚了！但再度印證了：天下沒有不可能的事！

致力改善病友生活品質

那年的整個夏天，各式各樣的疾病折磨著我，令我痛苦萬分，嚴重的貧血、肺炎、感染、皮膚潰爛等，直至十月中才獲得控制。我的身體情況略有改善後，才有餘力思考如何適應復健中心外的世界與生活。這意味著必須進行房屋改建計畫，至少把家裡改建成能讓我自由進出的無障礙空間，還得應付排山倒海而來的媒體訪問，更要重新定位自己的角色，成爲一位提倡研究、改善失能情況的代言人，以期改善失能者的生活品質。

這樣的執著立即成爲我的生活目標與重心，我從拜訪企業界人士與科學家開始著手。亞瑟．烏尼安(Arthur Ullian)是一位來自波士頓的房地產開發商，在騎腳踏車時遭落石擊中，腳踏車的把手插入胸腔，造成他胸部以下完全癱瘓。目前才四十多歲的他，坐在輪椅上已經超過四年，這四年來，亞瑟幾乎每天都到國會山莊報到，想找到一位願意傾聽他的訴求的國會議員。亞瑟倡議的是一項稱爲「NIH×2」的行動，目的在於請求國會增加國家衛生研究院(National Institutes of Health)預算，唯有此一組織的預算加倍，才有足夠的經費與人力進行脊髓損傷研究。亞瑟期望在五年內能達成這個目標，在他持續不輟與堅持下，他的確敲開了部分國會議員的研究室大門，但始終無功而返。

威斯．楊恩博士(Dr. Wise Young)，人如其名，既聰明又年輕，三十五歲的他已是國內脊髓損傷研究的先驅。八〇年代初期，他以系統性的方法研發一種名爲methylprednisilone的類固醇，若在受傷的八小時內以此種藥物治療，即能夠有效降低傷口百分之二十的感染機率。一九九五年時，他在紐約大學帶領一個研究團隊，爲了籌募研究經費而心煩不已，無法將全部心力集中在研究工作上。那時，他是少數幾位堅信脊髓損傷細胞有辦法修護的科學家。亞瑟．烏尼安也具有同樣的信念，但他們所要挑戰的是：如何說服政府部門、基金會或一般投資者，加入此一領域的研究？

直至亞瑟與我在凱斯勒中心會客室的角落相遇。亞瑟和家人開車遠道而來，他認爲，如果我以公眾人物的身份加入他們，絕對能提高外界對脊髓損傷研究的了解與認知，若我能對外發聲，更能讓大眾體會到這些癱瘓者需要更多社會支援。我告訴他們，成爲脊髓損傷者後，我才眞正體會脊髓損傷者的切身之痛與其家人的壓力，我願意竭盡所能地了解這一切及協助相關研究。

爭取醫療保險

但是在我投入此一活動之前，黛娜與我得先把醫療保險的現實問題搞定。克須伯恩博士與凱斯勒中心的管理階層與我們共同決定，自十二月十三日起我可以返家休養了。我的醫療保險人員也接受了此一決定，但他卻知會我們，從我返家休養的那天算起，保險公司只負擔四十八天的看護費用，往後我們就得自己設法了。當時（到現在還是）我不僅需要看護二十四小時輪班照顧，飲食、梳洗、上廁所等都無法自理，保險公司怎麼能期待我四十八天後就完全康復？保險公司拒絕回答這個問題，僅表示，你們總共只能獲得四十八天的給付，就沒有下文了。為了安全起見，我們要求保險公司提供備用呼吸器，也遭到拒絕。

保險公司的專案經理告訴我，一旦我的呼吸器無法正常運作，黛娜或其他家庭成員可以利用「急救袋」維持我的生命，直到位於紐約市的相關設備供應商將新的機器送到我家為止。急救袋看起來像是個塑膠球，有個掛鉤讓它附著在病患的呼吸器管線上，利用人工的方式，每五秒擠壓一次急救袋，把空氣打進肺部。

這家醫療設備供應商雖然位於紐約市內，但距離我的住所相當遙遠，開車至少要四十五分鐘；而供應商的經理又住在紐約市外，從他的住家返回店裡拿設備，要花掉約一小時。非上班時間，只有這位經理擁有倉庫的鑰匙，並有權從倉庫取出相關設備，因此，一旦我的呼吸器失靈，要好幾個小時之後，才能接獲備援系統。萬一呼吸器在凌晨三點故障，我恐怕是叫天天不靈、叫地地不應，因爲那時黛娜在樓上陪威爾入睡。況且若沒有看護人員値班，黛娜就得徹夜守護我，不能爲了工作到外地出差，但她的收入又是我們迫切需要的。

家裡若沒有備用呼吸器，黛娜得隨時保持清醒，一旦呼吸器出狀況，立即幫我套上急救袋，一隻手每五秒按壓急救袋一次，另一隻手還要趕忙撥電話通知保險公司，要求更換設備。如果威爾因爲樓下的忙亂被吵醒，而在樓上房間哭鬧，黛娜要維持我的呼吸，根本無法抽身上樓安撫威爾。只要有突發狀況，甚至引發心臟病或中風，沒有緊急治療，情況就不樂觀了。我知道黛娜不可能讓我就這麼離開她，她必然會持續地按壓急救袋，但考量上述的情況，意謂一旦發生狀況，黛娜至少要持續按壓急救袋三個小時，等到備用呼吸器送到家裡，她才能停手。

與保險公司磋商的過程中，我赫然發現，不論他們的需求多麼必要，多數被保險人的要求都會遭到保險公司的拒絕，其中竟然只有約三成的被保險人會爲了自身權益，奮力爭取。對保險公司來說，被拒絕給付的被保險人中，七成都能輕易被打發，保險公司爲節省成本，自然順勢拒絕被保險人。反正保險公司不是道德機構，唯有被保險人威脅訴諸法律，才能得到應有的保障並獲得應享的權利。

我們不必和保險公司鬧到法庭見的地步，但我們必須一再向保險公司提交由克須伯恩博士與凱斯勒中心共同具名的「醫師證明」，光是這些書信往返，就耗費了六個星期，終於讓他們依據保險條約，給付二十四小時看護人員的費用。但因爲保險公司不願理賠，我的備用呼吸器還是沒著落。我們只好自掏腰包購買，花了三千五百美元，幸好我們還負擔得起。後來的幾年裡，呼吸器故障的次數還眞不少，證明這項投資是值得的。但若同樣的情況發生在家境較貧困的病患身上，該怎麼辦？

從那時起，我們與保險公司已經取得絕佳的工作默契，再也不需要爲了一點小事爭執不休，但向保險公司爭取二十四小時看護人員的過程中，讓我明瞭終身保障的重要性。我們已獲得理賠，但如果理賠金額有所限制，我得自行負擔這些價格昂貴的照護工作，我的家人恐怕根本負擔不起。在購買保險前，我原本打算購買理賠上限一百萬美元的保險，但經過考慮，才購買目前的保險契約，如果當初我的想法沒有改變，以目前的醫療花費情況看來，一百萬美元的理賠金總有用完的一天。更幸運的是，我投入演藝事業後，便加入美國電視與廣播聯盟、演員同業組織及美國導演組織三個公會，公會幫所有會員都買了保險，在我癱瘓後，公會替我爭取到三百萬美元的理賠金。

提倡終身照顧

大多數人除了自行購買單一保險契約外，頂多只加入一個公會，最多再加上公會的團體保險罷了。在罹患重大疾病或意外傷殘時，所獲得的理賠金平均僅能負擔之後三年的開銷，此後他們必須設法過日子，包括賣掉居住的房屋求現，或動用原本儲蓄的老本，才能負擔得起最基本的醫療照顧，直到住進安養院爲止。

對於癱瘓者而言，住在安養院裡其實與等死沒什麼兩樣，多數的安養院就像人的垃圾場一樣，病患不要餓死就好了，別提什麼心理治療與照護。因此，年輕的病患在安養院裡，多半會有嚴重的憂鬱情況，甚至抑鬱而終。

終身保障與解除理賠金額上限的重要性由此可知，身爲癱瘓人士的一份子，提倡增加對癱瘓人士的終身照顧，就成爲我的首要政治任務。我在一九九七年五月接到佛蒙特州的參議員吉姆・傑佛德斯(Jim Jeffords)的電話，他邀請我支援編號一一一四號法案，這項法案意在解除保險業者對終身保障的限制，並要求保險業者不應規定理賠上限，企業主也必須增加對員工的保險金額。我們在同年六月召開記者會，試圖在眾議院裡找到志同道合的夥伴，我以個人名義撰寫公開信，並將信送至眾議院內的四百三十六位議員手中，信的部分內容如下：

在一九七〇年代購買的一百萬美元保險，以目前的消費水準來看，價值僅剩下十萬美元左右，諷刺的是，保險的目的在於增加民眾面對不確定未來時的保障，一旦發生事故需要理賠金額時，被保險人反而成為保險業者想要逐出市場的對象……據估計，僅約一萬名被保險人在取得理賠金後，能夠用上超過五年時間。

提高保險金額上限或增加終身保障條款意謂著保險費率要因應調高，但小型保險公司將被排除在此法案規範之外，企業對於員工的保險費用負擔也會加重……該項法案已經獲得超過一百五十個組織團體的支持，要求將終身保障金額上限由目前的一百萬美元增加到一千萬美元，讓需要協助的人能夠獲得應有的保險給付。

這項法案在參議院中有五十六票反對、四十二票贊成，闖關失敗。或許是因為多數參議員對於高保費、低成本的架構有所質疑所致。根據法案倡議者的研究顯示，員工人數二百五十人左右的企業，若提高員工的保險金額上限，將增加每年每位員工約九到十九美元的保險成本支出。折衷的辦法或許是雇主要求員工必須共同負擔增加的保險費支出。雖然此次法案闖關未成，我堅信這項法案會捲土重來，但目前爲止尚無進展。

改革保險增加醫療經費

賓州選出的參議員亞蘭．史伯克(Arlen Specter)與愛達荷州選出的參議員湯姆．赫金(Tom Harkin)，長期都是醫學研究活動的倡議與支持者，對於法案未能通過一事，他們立即做了微幅修正。他們提出編號四四一號的「國家健康研究經費法案」，這項法案擬在被保險人繳交的每一美元保險費用中，抽取一分，亦即在保險費中提撥百分之一，做爲國家衛生研究院的經費來源之一，預計每年將可挹注國家衛生研究院約六十億美元的資金，此次，我再度寫信給百位參議員，懇請他們支持此項草案：

我堅信唯有進行醫學基礎研究，才能消滅威脅人類生命的疾病，降低人類遭受的苦難與折磨，更能降低整體醫療費用支出，這是關鍵所在……

我曾與數位保險公司的執行人員談過此一法案，他們表示，保險業的利潤相當微薄，要他們捐出百分之一的保險費收入，看起來似乎微不足道，卻會爲他們的收益造成極大的損害。但我認爲，他們的說法與菸草公司宣稱香菸內的尼古丁不會成癮一樣，根本不具說服力。

當你看到一位垂淚的母親，爲了幫四肢殘障的兒子洗澡，請求保險公司給付一張沐浴用椅子的費用，可是卻遭保險公司拒絕時……你很難再同情保險公司。

保險公司將此一法案視爲增加稅賦的法案，認爲是變相加稅的一種手段，但我質疑的是：保險公司積累了大筆供其長期運用的保險收入資金，加稅對他們來說不合理嗎？何況醫學研究可使美國人民更健康，進而降低保險公司的理賠金額與經營成本。

我們向石油業者課稅，將這些資金用來興建與維護高速公路，許多州政府也課徵銷售稅，這是政府舉辦各項活動與社會福利計畫的資金來源，社會大眾將因而享有更好的服務與福利。何以保險公司不需負擔任何責任，協助解決這個國家面臨的醫療照顧危機呢？

這項法案又稱爲史伯克——赫金法案，也未能獲得多數參議員的支持，使得以保險改革增加醫療研究經費的計畫受挫。但是我們並不氣餒，支持疾病研究與失能者團體的人士重返戰場，要求政府將國家衛生研究院的預算增加一倍，在國會雜誌《Roll Call》執行編輯墨頓．康達克(Morton Kondracke)的邀請下，我參加了這場在一九九八年三月舉行的記者會：

目前我們所做的，就好比把太空梭送上太空一樣，但太空人完成所有的準備之後，卻告訴太空人：「眞是非常遺憾，我們沒有足夠的經費購買燃料。」這正是國家衛生研究院目前面臨的困境，在政府與各界承諾的支援經費中，實際收益的金額僅有百分之二十二，令許多重大的科學研究發展被迫停擺。

隔年，我受邀參加一場國會聽證會，談論總統提出的在二〇〇〇年會計年度中，增加國家衛生研究院預算編列事宜。我是這麼說的：

雖然國家的預算每年編列一次，但科學家卻無法以同樣的方法編列預算。全美各地的研究機構、實驗場所與實驗室，一旦獲得經費支援，他們所進行的將是爲期二、三年，甚至長達四年以上的研究計畫。

科學研究是連續、長期的過程，絕對不可半途而廢，對於那些有計畫解決人類所遭遇各項病痛的科學研究，我們不應該提供了第一年的經費支援，卻在其後經費支援上踩煞車，任其自生自滅，如此一來，科學研究將永遠只有開始，卻無法獲致最後的結果。……若缺乏各位的奧援，脊髓損傷人士的餘生都將與輪椅爲伍，保險公司也將持續地壓榨各項醫療照顧系統、聯盟醫療院所、安養院的給付金額，而影響病患的照護。

如果有各位源源不絕的支持，在未來的三到五年內，不論是什麼原因而傷殘的人士，將有重新恢復身體機能的機會，屆時可重返社會，再度回到工作崗位。至少，他們與家人可以從無止盡的痛苦與壓力中解放。因此，給予足夠預算的請求不容忽視。

人類胚胎幹細胞研究的爭議

在二〇〇〇年春天，由於發現人類胚胎幹細胞研究的發展潛力無窮，政府開始大幅擴增對此一領域研究的經費，人類胚胎幹細胞可令人類細胞類型或肌肉組織重生，是研究上的重大突破。不過，倡議人類胚胎幹細胞研究的科學家與病患，面對保守派人士與部分宗教團體的強烈反對意見，雙方的爭辯不斷，包括人類生命的起源，以及在實驗過程中必須採行破壞人類胚胎，以取得實驗所需的幹細胞等內容，使得這個議題變得爭議性十足。我以此爲題材在《時代雜誌》二〇〇〇年六月號上發表了一篇短文：

竭盡全力探尋所有的可能性，以保護並改善目前與未來世代人類的生活品質，是我們的責任。關鍵在於人類胚胎幹細胞研究的進展……它們正是科學家尋找多年的「人類自體修復機制」。

……不應該有任何障礙橫亙在人類胚胎幹細胞的探索前，……在產房中，生產的婦女對於沒有用的胚胎，應該有決定權：他們可以選擇把胚胎丟棄，將胚胎捐贈出來供研究之用，或將胚胎冷凍起來因應未來的不時之需……但是，若實驗使用被棄置的胚胎上抽取的細胞組織，何來爭議之處呢？試問，婦女捐贈未產下的嬰孩胚胎做人類胚胎幹細胞實驗之用；或墮胎後任由他們將胚胎當作垃圾丟棄，而無視於胚胎幹細胞可能救活數以千計的性命，豈不就像把解藥丟到水裡一樣嗎？

……如果我們爲了人類胚胎幹細胞研究爭辯不休，數百萬人將持續受苦。由政府的力量介入，引導此一研究向前推進的時刻到了。

一九九八年國家衛生研究院自威斯康辛大學獨立出來，不得將經費用於人類胚胎幹細胞研究的規定，緊接著發揮效力，迄今依然如此。柯林頓總統卸任前，頒布了人類胚胎幹細胞研究原則，他表示：若有人自願捐出多餘胚胎供研究之用，他將允許國家衛生研究院以捐贈而來的胚胎進行人類胚胎幹細胞研究。二〇〇〇年五月，參議院草擬編號二〇一五號法案，即二〇〇〇年提出的幹細胞研究法案，為此，我再度提筆寫信給參議員：

國家衛生研究院專家們的證詞，還有來自醫療團體、大學、開業醫師、基金會與傑出的科技界人士的證明文件，對政府對人類胚胎幹細胞研究經費設限提出質疑。

……如果您的孩子或孫子突然因爲脊髓損傷而癱瘓，或在意外中腦部受創，您眼見人類胚胎幹細胞研究有讓他重新站起來的希望，會同意參議員布朗貝克(Brownback)所言，堅持人類胚胎幹細胞研究是「不合法、不道德與不必要的嗎」？

屏息等待新任總統決定

這項法案始終躺在參議院裡，直到比爾・柯林頓御下總統職，聯邦政府限制人類胚胎幹細胞研究經費禁令依舊存在。喬治．布希在二〇〇一年一月就任總統後，首先採取的行動之一，就是禁止柯林頓任內所頒布的人類胚胎幹細胞研究準則，並進一步評估。

新任總統小布希重新考量此一議案，所有關切此案的組織團體們莫不屏息以待，緊盯著布希與教宗會談的電視畫面。教宗曾經表示，不論為了什麼目的，任何破壞人類胚胎的行為都將損害「生命的尊嚴」。國內（美國）的天主教組織進行全國大串連，聲援教宗的看法，意味全國逾六千一百萬張的天主教徒選票將受此議題影響。

其他宗教領袖對人類胚胎幹細胞研究議題未必明確表態，不過，大多數人均認為小布希身為總統，實在不適宜向宗教團體諮詢此一議題，這破壞了美國傳統以來政教分離的原則。白宮發言人強調，總統將以更充裕的時間，諮詢各界學者專家的意見，並了解正反雙方對人類胚胎幹細胞研究的觀點。

二〇〇一年八月九日，小布希終於在黃金時段播出的全國電視演說中，宣布了他的決定。他提出了洋洋灑灑、總共六十四條的人類胚胎幹細胞研究準則，明定只有當天晚上九時以前經由捐贈而取得的胚胎，可以申請國家衛生研究院的經費補助進行研究。

這項新政策自然引發各界的不同看法與解讀，極右派團體譴責小布希同意人類胚胎幹細胞研究，即使使用的是已遭破壞的人類胚胎，仍是不道德的行爲。保守派人士普遍同意小布希給予科學家更寬廣的研究空間，只要政府不再同意研究機構對「生命」進行更進一步的破壞，政府對學術與研究自由不應有太多干涉。

民主黨與共和黨的共識則是「總統必須開啓胚胎研究的大門」，問題是，總統把這扇門開得太寬或太窄？許多科學家愈來愈感到懷疑，特別是更多的細節被揭露：掌控此項研究的，要不是印度、澳洲與新加坡這些國家，就是藥商與生化科技專利者，一般科學家依然無法進行胚胎研究。

科學家們不禁質疑，這樣的開放措施根本無濟於事，爲了要取得研究用的胚胎，研究機構與人員不僅要付出更多代價，也不具任何醫療上的價值。大部分科學家已經找出將人類與老鼠身上培養出的細胞結合的方法，這項結合人類與動物物種細胞的研究，食品藥物管理局(FDA)仍不同意將此結果進行臨床實驗。

治療癱瘓的進展列為機密

加州大學李維艾弗文研究中心(Reeve Irvine Research Center)的主任奧斯華德．

史帝渥得博士(Oswald Steward)是首位獲致此項研究成果的科學家，他的實驗室與同樣位於加州孟婁公園市的藥廠——傑恩公司(Geron, Inc.)簽了約，史帝渥得博士與他帶領的四十三人研究小組，將致力於脊髓損傷修復的研究，一旦食品藥物管理局同意進行人體實驗後，傑恩公司將取得將此實驗室中研究成果商品化的權利。

首次的實驗在二〇〇二年二月進行：將人類幹細胞注射入遭受嚴重傷害而癱瘓的老鼠體內，結果顯示，這隻老鼠與植入的人類幹細胞都存活下來了，但是他們的研究成果卻被列爲高度機密，未在科學期刊上發表。

同年四月，史帝渥得博士與研究小組開始進行第二階段實驗，他們採行同樣的方法，但此次將人類幹細胞植入一隻已經癱瘓三個多月的老鼠體內，試圖找出能否以同樣的方法，治療因慢性疾病而逐漸癱瘓的人類。實驗結果依舊被列爲最高機密，在媒體或研究期刊上都未有所聞。

對於布希總統在二〇〇一年八月九日做的決定，我的看法是，總統至少爲科學家們開啓了一個管道，即使實驗結果可能不具備醫療上的價值，甚至也不能進一步進行人體臨床實驗，但至少這些科學家們可以進行人類胚胎幹細胞研究，並且暫時平息各界對此實驗的爭議。許多科學家與各種疾病團體期盼，等到外界對人類胚胎幹細胞研究有了更多的了解與共識後，等到政治上的爭議平息後，小布希會重新檢討此項限制，並做出更開放的決策。

但就目前的政治態勢分析，實驗機構恐怕無法依賴政府的經費補助，用在人類胚胎幹細胞的研究上。政府的目的是不想再因爲政府資金的挹注，或是經由政府協助取得研究用的人類胚胎，再度引發外界對此項實驗的爭議與紛擾。關於這點，小布希基本上依然遵循著柯林頓時代頒布的相關規定，科學家必須另闢蹊徑讓研究得以持續進行。

立法規範基因複製工程

近來最爲各界熟知與最具發展潛力的實驗結果，莫過於「體內細胞核移轉（somatic cell nuclear transfer）」，亦即外界熟知的細胞核移植或治療性的基因複製工程，這項具有治療效果的科技能在不破壞人類胚胎的前提下，將胚胎植入人體子宮內，並利用基因複製工程創造生命。相對地，科學家利用此一方法，可以將未育成的卵子細胞核先分離出來，替換爲病患的ＤＮＡ，再植入病患體內，經由此項科技，數天內，病患的免疫系統才不會對新植入的人類幹細胞產生排斥現象。

假定我們已經可以了解「生命」的誕生靠的是男女之間的結合而來，我當然能夠了解破壞人類胚胎以進行研究時所面臨的道德爭議，但對於未育成的卵子細胞而言，其不過是人類的細胞之一，若要面臨與人類胚胎幹細胞實驗般的相同限制，就有點令我難以理解了。

二〇〇一年八月，眾議院以超過一百票的多數票數通過禁令，進行治療性的複製與重製基因研究（如全球首隻複製羊桃莉），是不被允許的。堪薩斯州選出的參議員山姆・布朗貝克亦提出了參議院版的法案，該法案禁止所有基因複製研究，違者處以刑責。如此一來，脊髓損傷者必須飛往英國尋求基因複製醫療，等他復原回到美國，一下飛機就遭到拘捕，鋃鐺入獄。

參議員艾德華・甘迺迪（Edward Kenndy）與參議員黛恩・芬斯頓（Dianne Feinstein）則提出了較爲合理的一七五八號法案，法案明定進行基因複製者將被判刑。若是接受國家衛生研究院經費支援與規範，進行治療用的基因複製工程研究，可免除刑責。

二〇〇二年三月，我在參議院健康、教育、勞工與退休金委員會中提出聲明：

任何功效強大的新科技都需面對被濫用的危險，但只要對整體社會利多於弊，就值得一試，但在著手之前，我們會採行任何可能的預防措施，盡可能把風險降到最低。卵子細胞核的研究即是如此，這項研究用在細胞核移植與基因複製工程上，但這項實驗結果將留存在實驗室內，並不會套用在複製人類的情況上。但如果我們不能立法同意這類研究的進行，得不到來自於政府的監督與經費支援，還是會有人私下進行研究，這樣反而更危險，政府亦更難監管與控制。

我們國家在科學與藥物研究上的卓越地位正逐步喪失，讓我們回顧一九七〇年代的情況。當時監督委員會遲遲未能成立，國家衛生研究院只得禁止各界進行人類生殖技術研究，這使得美國在人類生殖研究上遠遠落後其他國家。

當英國在生殖技術研究上擁有長足進步，並於一九七八年成功培育出第一個試管嬰兒時，美國還爲此爭論不休。純粹因爲政治因素的考量，美國遲至一九八一年才誕生第一個試管嬰兒。而至目前爲止，試管嬰兒已經成爲相當普遍的生殖醫療技術，全美共有逾四百家的醫療院所從事生殖醫療活動，已經有超過一百一十七・七萬個試管嬰兒誕生。

而今，瑞典已經開始利用複製的人體胚胎進行人體試驗，用來對抗帕金森氏症；以色列已經利用人體內呑噬碎片的噬骨細胞，在脊髓損傷發生後的兩個星期內，試圖治療癱瘓情況，首位病患是來自於科羅拉多州一位十九歲的妙齡女郎。而在上周，英國上議院通過人類胚胎複製研究的第二階段決議。

上述這些國家都不是蠻夷之邦，他們對道德的重視程度也不在我們之下，是理性思考後才做出這些決策，如果我們馬上採取行動，仍有急起直追的機會。我強烈敦請各位參議員駁回布朗貝克參議員一八九九號法案的提案，並支持一七五八號法案的通過。

當我成爲爭取病患權益的先鋒後，我發現，除了法令的限制外，資金不足、極少科學人才願意投身尙處萌芽階段的基礎研究，使得人類胚胎幹細胞的研究未能出現突破性的進展。將國家衛生研究院預算提高一倍的「NIH×2」法案順利通過：一九九八年時，國家衛生研究院預算是一百二十億美元，但在二〇〇三年預算年度，國家衛生研究院預算超過二百七十二億美元。如今，各項再生性藥物方面的研究，已經吸引全球無數博士後研究人員，全力投入相關研究，他們堅信透過這樣的研究，可以找到有效治療帕金森氏症、阿茲海默症、腦部損傷、中風或其他中樞神經系統損傷的方法。

相反地，在人類胚胎幹細胞與治療性的基因複製上，紛爭與爭議依舊不斷，國家衛生研究院仍被禁止提供經費支援民間組織進行人類胚胎幹細胞研究。更由於小布希總統對於人類胚胎幹細胞研究仍有疑慮，即使通過相關研究規範後，國家衛生研究院接獲的人類胚胎幹細胞研究申請依舊寥寥可數。即使衛生與民眾服務部長湯米．湯普森（Tommy Thompson）聲稱政府已爲此編列了一千五百萬美元的預算，直到二〇〇二年五月，取消了僅能在老鼠細胞上進行研究的限制，因此，雖然治療性的基因複製研究的爭議仍在，但人類胚胎幹細胞的研究申請已急速增加。

渴望重現昔日風采

我經常提到每天早上的心情轉折：我總是從這樣的夢裡醒來，我非常健康，能做任何事，完全不用面對癱瘓的事實。在受傷後的數周到數月之中，這樣的心情是難以適應的。過了幾年之後，我才漸漸釋懷，因爲我相信科學家們不斷地努力，只要更多的經費挹注，找到讓癱瘓者站起來的方法的可能性就大增。總有一天，癱瘓者會走出黑暗的隧道，重見光明。細胞研究引起這麼多的政治爭議，是我始料未及的，更沒想過此事對我的影響甚大。如今，每日醒來時，意識到自己癱瘓好長一段時間了，仍會覺得愕然。

當我回到現實，開始新的一天，我回復理性與滿懷希望，全神貫注在能實現的目標上：透過教育，我們能改變民眾對於人類胚胎幹細胞研究的抗拒之心，甚至能扭轉強烈反對此案的政治人物的立場。我謹記，不論外界喜不喜歡，我的角色就是一位倡議人類胚胎幹細胞研究者，爲所有脊髓損傷的癱瘓人士請命。

我們不可能立法規定人要悲憫，但在立法的過程中，我們的確需要更多悲憫心態。多數支持研究持續進行的立法者，對這個議題有情感上的連結，因爲有人的父、母罹患帕金森氏症；有人的配偶患了阿茲海默症；有人的孩子得到青少年糖尿病。目前，我們正積極接觸更多的公眾與民間領域中有影響力的人士，他們不見得受困於疾病或傷殘，但我們將請求他們給予我們更多的支持與鼓勵，讓我們一起讓這個世界變得更不一樣，讓癱瘓者能回復昔日的風采。

第七章

昂首闊步猶可期

一九一三年，西班牙裔的知名神經科學家聖堤亞哥．雷蒙卡傑(Santiago Ramon y Cajal)在一篇名為「神經系統的退化與再生」的論文中提到：「成人的神經傳導路徑早已被固定、不可改變了，而神經也會逐步衰敗與退化，每項事物都會面臨死亡，沒有一項能夠起死回升。」

在一九九八年十月出版的著名神經醫學期刊《Brainwork》中，有研究人員宣稱：「在脊髓損傷的情況下，神經逐步退化的過程被迫中止，如此一來，科學家反而能夠更確切地找到方法，協助脊髓損傷病患復原。」

這件事是從我的左手食指開始發生的。二〇〇〇年十一月間的某天傍晚，我正坐在辦公室內與黛娜閒聊，我們聊天的主題爲何，早已不復記憶，但我必定談到某些需特別強調的事物，因爲在我說話的同時，我的手指竟往扶手的方向移動。

黛娜注意到了，她問我，我是否有意識做出這樣的動作。我告訴她，這並非出自我所願，好像是一種不自主的神經抽動罷了，她於是說：「既然如此，你何不試著以自己的意志移動手指？」

我曾想過，如果某人在我受傷五年之後，要求我試著移動我的手指頭，我必定反抗，因爲，我不喜歡失敗的結果。在我癱瘓後，脊髓細胞不再擔任傳遞大腦命令與手指間的運動指令的媒介，不應該期盼我的大腦在下達指令後，能夠透過脊髓細胞順利傳達移動手指的訊息，進而如大腦命令所言般的移動手指。但是黛娜卻不讓我這樣自怨自艾下去，她說，這不過是個遊戲罷了，無論如何，我不會有什麼損失。

手指竟移動了

我花了好長一段時間仔細端詳我的左手食指，試圖建立它與身體的連結關係，我相信我的身體也想把各個部位結合成一體，就像數年前治療受感染的左腳腳踝一樣。黛娜耐心等我移動手指，但我覺得，這件事急不得，於是黛娜到廚房開始準備晚餐。

我全心全意地凝視著左手手指，突然說：「動一下」！我的食指果然移動了，從指頭的第一節到連結手掌的關節處，就這麼上下移動了起來，似乎有著節奏般地輕觸輪椅扶手。我們簡直無法相信這是事實，但食指持續移動著。過了一段時間，我再度集中心力，並下達「停」的指令！手指就停止移動了。

黛娜爲此感到雀躍不已，並仔細地觀察了我的食指，我們都了解，我必須再試幾次，才能證明這不是偶發情況。第二次嘗試，我下達了相同的指令，也得到了同樣的結果。第三次，由黛娜指示我的手指何時移動、何時停止。第四次，黛娜要求我閉上眼睛，再下達指令，結果食指還是移動了。

黛娜緊緊地擁著我，好長一段時間後，她才放開我，她的眼睛裡充滿了淚水。我們打電話把陶莉．艾羅(Dolly Arro)叫下來，她是負責照護我的護士長，桃莉從她位於二樓的辦公室下樓來，再次驗證我的手指是否眞能移動。桃莉不敢相信我們在電話中告訴她的情況，踏進我的辦公室時，口中還喃喃自語：「不可能，絕對不可能！」我也打電話告知負責醫治我的哈林．韋恩伯格博士(Dr. Harlan Weinberg)。我轉身告訴黛娜，「就算咱們都眼花了，至少在舉行派對時，這將是個很吸引人注意的魔術花招。」

持續不輟地運動

爲了能讓身體保持最佳狀態，從一九九五年下半年成爲凱斯勒復健中心的病患起，我便持續不輟地運動。到了七月初，醫師從我臀部內取出骨頭，移植在受傷的「C－2」

部位處，並在頭蓋骨上進行手術，讓我的脖子能固定住。這些手術完成後，我的復健治療師艾瑞卡．卓音（Erica Druin）開始教導我如何運動。他把我從輪椅上移到健身房的一張大桌子上，讓我整個人平躺在桌上鋪好的厚床墊上，頭部則以一個三角形的枕頭支撐。

只要我沒有感到任何不舒服，艾瑞卡就會把枕頭移開，在他的指導下，要求我盡可能地向左右兩側伸展我的頭頸部肌肉。最初，我的頭部能向右傾斜四十五度左右，向左只能偏斜三十度左右，這是因爲約翰．珍恩博士在進行脊髓手術時，將我的右側頸部肌腱剪除，較左側稍短的緣故。這樣的移動看似簡單，對我來說卻是一項大工程，更是一項大進步，我不需再戴著那個又厚又硬的護頸，頭部也有機會自行轉動。

我們每次進行練習時，至少會進行三個完整的練習過程，其中每個練習過程都包括了頭頸部左右來回二十次的移動，如果我不會太累，則進行更多次的練習。接下來，艾瑞卡指導我進行抬頭的動作，我還是躺在厚床墊上，試圖把頭往上抬，在持續一陣子後，再放鬆躺平。剛開始練習的時候，我用盡全身力氣，也不過能把頭抬個幾英吋而已，但沒過多久，在艾瑞卡的鼓勵下，抬起頭時，我已經能夠看到自己的腳趾，雖然維持這樣的姿勢有些痛，但我通常能夠忍受個三十秒左右。持續不斷的練習，我的頸部肌肉重新恢復原有的肌力與靈活度。

接著我們進行肩部方面的復健。在我到達凱斯勒復健中心時，我的肩膀已經可以稍稍移動。在完成頭頸部分的復健作業後，艾瑞卡繼續協助我進行肩部復健，不論是讓我坐在椅子或是躺在厚床墊上，艾瑞卡從上方按壓住我的肩膀，此時，我必須用盡全力試圖對抗這股按壓的力量，把肩膀往上抬高，在復健的過程中，我們不斷地重複這個動作。

我身體的左半部天生就較右半部虛弱，因此，我的左肩總是無法抬高，於是艾瑞卡將我引介至生物反饋部門，想要利用生物反饋的機制協助復健進行。這時他們讓我坐在輪椅上，停在電腦螢幕前，將電極棒貼在肩膀上的二頭肌與斜方肌上，當我運動時，他們就能立即從取得的資訊進行判讀。根據生物反饋機制得到的結果，與正常情況相較，我的右肩大概已經恢復百分之五十的功能，但左肩的恢復程度卻令人相當失望，只恢復了百分之十至十五左右的功能。

為康復奮戰不懈

我告訴艾瑞卡，這樣的結果實在難以接受，但證明了艾瑞卡在進行復健作業前，對我所做的人格測試結果：我是典型的A型人格，極力追求成就感，在進行復健時，只要激發我的競爭天性，就能夠激勵我的復健成效。

我的左右兩側恢復情況有如天壤之別，艾瑞卡告訴我，這與其他多數復健者的情況相同，也就是所謂的布朗．史卡德症侯群(Brown Sequard syndrome)，許多脊髓損傷者都面臨同樣的問題，在復健過後，身體某側的運動功能恢復較佳，但另一側的感覺功能恢復較好，身體兩側的運動與感覺功能的恢復情況是不一致的。不過，艾瑞卡與我決定不理會這項分析，而對於某些專家宣稱我永遠沒辦法恢復原有的感覺與運動功能，我也決定不把這些負面意見放在心上。之後在凱斯勒復健中心的幾個月裡，我每天都花好幾個小時待在生物反饋部門裡，與我的左肩奮戰不懈。到了同年十二月左右，我的右肩已經恢復到正常功能的六成，而令我困擾不已的左肩部分，功能也恢復達四成。

對於許多受傷部位在腦幹下緣數公分的病患來說，多數人都活不了多久，即會被上帝召喚。像我這樣能存活下來，還能持續不斷地進行復健者，實在有如鳳毛麟角，因此我充滿了感激，尤其感激來自於克須伯恩博士與艾瑞卡的協助。他們並未把我歸類在復健無望的案例中，反而強化了對我的醫療照護，把我當作研究案例，觀察一個被歸類爲「C-2級」嚴重的癱瘓者，能達到的復健程度有多大。他們持續設計活動，強化我的頸肩部肌力與運動能力，隨即並加上用在受傷程度較爲輕微病患身上的積極療法。

首先進行功能性電子刺激療法(FES)，該治療的目的在於預防肌肉萎縮，同時維持良好的循環功能。一九九五年時，功能性電子刺激療法還被認爲是實驗性的療法，但這項治療不會對病患造成任何傷害，甚至帶來的療效更爲明顯。這項科技十分簡單：把電極棒貼在想要治療的肌肉部位上，連結的電線另一端接在一個如筆記型電腦大小般的盒子上，這個盒子被稱爲「E-Stim」。治療師會依據病患的身高、體重與身體情況設定導入的電流強度，電極棒則會依照一定的頻率，在治療過程中將電流循環導入病患體內。

凱斯勒復健中心裡只有幾套這樣的設備，在病患眾多的情況下，我每個星期最多只能排一到二次的功能性電子刺激療法，刺激我的腿部肌肉維持正常循環功能。以目前的標準來評估，這樣的治療是相當原始的，但就當時的情況來看，是好的開始。

復健中心對我採用的另一種治療方法，是利用固定性的功能性電子刺激療法腳踏車與斜坡練習。在坐上此一腳踏車之前，我必須穿上特製的短褲，並在四肢與膝關節貼上電極棒。透過電極棒，E-Stim發出的電流會傳導至肌肉上，讓肌肉發熱並運動，便能強迫我的雙腳踩腳踏車的踏板。剛開始進行這項練習時，我只能持續運動幾分鐘，遑論達到每分鐘踏踩四十五下的目標了，但到了後來，我不僅能連續踏踩腳踏車三十分鐘，這樣的運動量更增加了我的心肺功能強度，讓我的心跳速度增加到每分鐘約四十下。

斜坡練習的目的在於維持復健者的體重與骨質密度。他們將病患從輪椅上移至一個特製的水平桌面或平台上，然後在病患膝關節、臀部、胸部等處綁上固定的扣環，再根據每位病患的忍耐程度，以人工轉動曲柄的方式抬高平台的一側。對正常人來說，這樣的移動似乎沒什麼了不起，但對癱瘓者而言，當他們的身體從平躺姿勢轉而直立起來時，會造成血壓快速上升，對身體造成極大負擔。將一個被認定爲「C-2級」級的四肢殘障者放在一張有坡度的桌面上，要他用雙腳與雙腿的力量支撐身體的重量，這就是極度積極的復健方法。

從進行斜坡練習的經驗中，給予了我心理上相當大的激勵，這意味擔任復健治療師的艾瑞卡及專門醫治癱瘓者的凱斯勒復健中心，必然認爲我在未來的某一天，有機會再度站立與行走，才爲我安排這樣的復健計畫與課程。經過三個星期的嘗試與努力後，我終於能夠呈九十度姿態、直挺挺站立著，這是自我墜馬落地後的那一刻起，第一次站立起來，再度成爲一個六呎四吋高的男子漢。而每當我站立，黛娜總會站在我的面前，把她的頭靠在我的肩膀上，就像過往一樣。

漸入佳境

不幸的是，對許多癱瘓者來說，離開復健中心就等於療程的結束，得和功能性電子刺激療法腳踏車、斜坡練習及E-Stim說再見。由於這些設備都相當昂貴，加上需要使用這些設備的人數有限，保險公司根本不可能在癱瘓者家中安裝這些復健設備；即使癱瘓者在返家休養後，仍定期回到復健中心進行治療，保險公司也拒絕給付相關醫療費用。

在癱瘓者中，我是少數極其有幸能夠購置部分設備，加上製造商的捐贈，在家中進行復健的病患。甚至在我將注意力與生活重心移轉至導演（「黃昏」，一九九六至九七）、演戲（「後窗」Rear Window，一九九八）、寫作（《依然是我》，一九九七至九八）與執著(無止盡)的同時，我還能夠持續不輟地進行復健計畫。

在我受傷後，頭頸與肩膀上方是我唯一還有知覺、並能自行控制的部分，我能夠以自行運動的方式，維持這些肌肉的活力，但在身體其他部位的運動與移動上，就非得靠機器或電子設備的輔助不可。這也正是當黛娜與我發現，我的左手食指竟然能夠接受腦部指令而移動時，會認爲這是極其重大的一件事，並且興奮不已的原因了。

二〇〇〇年十一月，我應邀在紐奧良舉行的神經醫學年度會議中發表演說，約翰．麥當勞博士(Dr. John McDonaled)也是與會成員之一，當時他才剛在全球頂尖的科學家丹尼斯．邱(Dennis Choi)的指導下，完成他的博士後研究課程，而丹尼斯．邱正是克里斯多夫．李維癱瘓者協會的九位創辦人之一。

麥當勞博士從醫學院畢業後，原本計畫成爲一位專門研究中風的神經醫學專家，但看到我的情況後，顯然影響了他的決定，讓他選擇進行另一種領域的癱瘓研究。我與麥當勞博士在一九九九年春天時曾經碰過面，那時我在聖路易市的巴尼斯猶太醫院進行募款演說，我對他留下深刻的印象。雖然麥當勞博士年僅三十四歲，看起來有些粗壯，娃娃臉的他，刻意留了一頭有些類似勞勃．瑞福(Robert Redford)年輕時的髮型，但在第一次見到麥當勞博士時，就能立即了解到他在短時間內，就已經完全掌握脊髓損傷相關知識了。

當時的我正在會場旁邊、由工作人員為我準備的小房間裡，準備參加之後為神經醫學家們舉辦的雞尾酒會，麥當勞博士特別前往此處與我聊天。在我們閒聊了一陣子後，麥當勞博士問我是否有任何新進展？我告訴他，一切還算順利，沒有任何感染情況，有時侯我不需依賴呼吸器即可自行呼吸，這樣的情況也持續好長一段時間了，但是，就身體狀況而言，並沒有什麼特別有趣的改善或進步，不過，我特別將手指竟然可以接收指令而運動的情況告訴了他。

我完全沒料到的是，我說的話竟然令麥當勞博士相當震驚，就好像目睹四肢癱瘓的我，竟然能夠在水面上走動一般，有好一陣子他才回過神來。他要求我在核磁共振系統監視下，重新進行命令手指移動的情況，此目的在於利用儀器的測量，找出我的腦部內傳遞出訊息的部位，此部位的訊息竟然能夠穿越受傷的脊髓部位，到達手指頭上的末梢神經系統，造成我的左手食指肌肉的顫動。

進行核磁共振測試

這時，負責安排旅程與後勤作業的黛安娜・迪羅莎正好走進房間來，提醒我有項新行程，那是十一月十九日在聖路易市舉行的募款活動，原本計畫在完成這場神經醫學會議的演說後，在隔天一大早即飛返紐約的，但在聽完麥當勞博士的話以後，我覺得我沒有任何理由按照原訂時程返家，只要把返家時間稍稍延後，我就能前往位於華盛頓大學進行核磁共振測試。麥當勞博士甚至表示，當我前往測試時，如果正好當時已經排好病患進行檢測，爲了我，他甚至會把在核磁共振系統上的病人拉下來，非幫我進行核磁共振測試不可。

接下來，麥當勞博士與我即展開這項不尋常的合作計畫，我如期於周日晚上在神經醫學會議中發表演說，而隔天早上十一點鐘，我即前往華盛頓大學進行核磁共振測試，在那裡，我認識了莫里奇歐・柯貝達博士(Dr. Maurizio Corbetta)，他在華盛頓大學裡擔任解剖學與神經醫學的助理教授，他是在義大利米蘭接受醫學訓練，卻在美國執業與教學。他與麥當勞博士是合作無間的好夥伴，也是外界一致公認的核磁共振檢測專家。柯貝達博士向他的助理與工作夥件簡單介紹我的情況後，將我自輪椅上抱下來，讓我平躺在核磁共振檢測儀內，並告訴我後續事宜。首先，他們會記錄我的腦部在平常時期的運動情況；然後他們會要求我的大腦下達讓舌頭往兩側移動的指令，最後，我將會看到一個閃爍的綠燈燈號，看到此一燈號時，我就盡可能地移動我的手指頭。

進行檢測之前，柯貝達博士要求先讓他瞧瞧我的手指移動情況，於是我又玩起在家人面前經常使出的「派對技倆」，當柯貝達博士看到後，他飛快地走出房間找來他的整個小組，他們對此事都非常熱切。

我後來發現，在我抵達華盛頓大學前，柯貝達博士對我手指的自主律動深感煩擾。他必須確認我的情況是否值得進一步研究，是否值得在我身上花費時間，打開核磁共振開關爲我進行測試。這是因爲在以往的醫學研究報告或案例中，或是脊髓損傷手冊中，針對脊髓損傷程度在「C－4」級以上的病患，根本找不到相關資料，何況是像我這樣癱瘓五年之久的病人了。根據研究結果，脊髓損傷者在受傷的六個月內復原的可能性最高。雖然有文獻指出，有病患在受傷兩年後出現有限的復原情況，但對於一個受傷長達五年的病患來說，要復原簡直是天方夜譚。

核磁共振檢測時間持續了三個小時，但我已不再因爲這項檢驗而心情沉重，我認爲這是這幾年來最值得讚許的成就。回想一九九五年受傷初期，每當進行大型儀器檢測，將我推入如隧道般的檢測儀器內時，由於內心的幽閉恐懼症作祟，加上那時我還離不開呼吸器，在做檢測時，呼吸器的氧氣管線與主機距離達十五公尺長，需要加壓器協助把氧氣送到遠端的我體內，總是讓我心生擔憂。而這次進行核磁共振檢測時，我不再害怕，不需再靠呼吸器過活的我，也不用再把氧氣管線拉到十五公尺長，不用擔心因爲線路過長，一不小心就無法呼吸。

手指玩起派對魔術

柯貝達博士要求我動動舌頭，目的是記錄我的腦波在正常情況下的活動情況，由於受傷後，我的大腦發出的訊號尚能控制肩部以上的肌肉運動。他們把這些資料記錄下來，接著再進行肩部以下身體運動，再記錄其他資料，就可以比對所有收集到的資料，找出大腦訊號與身體運動之間的落差何在了。

在等待結果時，麥當勞博士與他的助理琳達．史卡茲陪我返回旅館，桃莉、黛安娜與我的助理克里斯．芬提尼提前去吃晚餐。我心想今天的工作應該告一段落了，但麥當勞博士卻有不同想法。當我用完晚餐，躺在輪椅上準備放鬆心情，麥當勞博士走向我說：「除了左手食指以外，我們來看看你有沒有辦法移動別的手指頭？」我認爲，我的姆指最有可能移動，於是我再度斂起心神，把注意力全集中在大姆指上，試圖把對付食指的那套作法拿來應付大姆指。在全神貫注一會後，我的大姆指竟然眞的移動了。成功了！剛開始我的大姆指只是稍稍晃動一下，接著，左右移動的情況愈來愈明顯了。

麥當勞博士要我嘗試讓大姆指與食指同時移動。在麥當勞博士與我對話時，我腦中意念一閃，這兩根手指竟然就同時動了起來。當時我的腦中快速掠過一個念頭：難道是過去二十八年來專業的演員訓練，在表演細胞作祟下，「表演時間」又到了嗎？

嘗試指高手腕

麥當勞博士與我大受振奮，他要我嘗試移動左手的其他手指，首先按照順序來，從大姆指到小指一個個移動，然後隨機要求手指移動。我百思不得其解的是，我的手指竟然完全按照麥當勞博士所說的做了。不過，仔細想了一下，過去五年來，我除了試著讓食指移動一下，根本沒料到其他手指也跟食指一樣，可以進行相同的「派對魔術」，這可是一場難得一見的大型表演呀！

麥當勞博士要求我以同樣的方法，看看右手指能否做得到相同的要求。結果卻是：完全不行！無論我如何集中心力，我的右手指依舊聞風不動，這樣的結果令我感到相當沮喪。麥當勞博士隨即察覺我的挫折感，他要我先把結果拋諸腦後，試試能否讓整隻手向上稍稍舉起。

不愧是約翰．麥當勞博士，只有他會在這樣的時刻，要我做這麼困難的嘗試。他協助我把手臂放在輪椅椅背上，手指自然下垂。在他的指示下，我試著舉起右手，這是我從來沒有想過要嘗試的，我覺得整個手臂都拉緊了，在我極力想要舉手的同時，肩膀下方竟然出現火燒般的燒灼感。我的心裡不斷浮現拍攝「超人」時進行的重量訓練，當時我是以全身重量、在健康情況進行這樣的訓練；但現在的我與以前已經截然不同，似乎得用盡吃奶的力氣，才能試著把手往上抬。我告訴自己，這太不公平了，今時不同往日。可是，我想重回正常生活的意志相當強烈。我對自己說，天底下沒有做不到的事，沒有任何理由可以阻擋我把手抬高，我也不允許這種情況發生。

麥當勞博士的助理們也為我打氣，我心想：觀眾正在觀看我的表演，掌聲正是我最需要的，我決定要傾盡全力，把我所有的看家本領都秀出來。於是，我的手指頭開始抽動，這意味大腦訊號成功傳遞到手指上了。像慢動作畫面一般，我的手腕漸漸地動了起來，整隻手終於稍稍抬起，但到了一定程度後，手掌便無力再往上抬。對我來說，這樣的動作與進步已經相當令我震驚了，但身旁的觀眾們似乎還不滿足。

麥當勞博士與琳達鼓勵我繼續努力，黛安娜、桃莉與克里斯則扮黑臉，他們威脅我，如果我不好好表現，今天晚上他們就不讓我吃晚餐，甚至還要罷工抗議，這樣一來，我晚上就得在輪椅上和衣而眠，他們可不是鬧著玩的。我一邊大笑一邊持續嘗試，終於，我的手腕彎成九十度，向上抬起。

當天吃晚餐時，他們特別准許我啜飲一小杯紅酒以示慶祝。剛好電話響了，是柯貝達博士打來的，他要告訴我核磁共振的初步檢測結果。他表示，要求我舌頭與手指運動的電流脈衝，均源於我的腦部命令，亦即訊息來自於大腦主要運動區。這樣的發現完全超乎他們的預期，在以往的各項醫學研究報告中均指出，當人類的中樞神經系統受到嚴重損傷時，大腦必須另闢蹊徑，才能將指令傳達至患部以下的癱瘓之處。

許多的脊髓損傷者有類似的受挫經驗：想移動腿部，動的卻是肩膀。通常他們得在復健中心耗上好幾個月，甚至好幾年，學習如何在腦部受傷後，與不斷發出的不適當指令共處，病患必須重新學習腦部主要運動區與身體各部位間的因果關係，要改變這種與生俱來的運作是相當困難的過程。

因爲以往從未出現相關的醫療報告，麥當勞博士將我的情況歸納爲例行性的身體運動，應用醫學上相關的身體運動理論解釋我的情況。或許是以往「運動相關訓練」（即復健計畫）奏效，打通了部分脊髓細胞與腦部之間的聯結通道，或是受損的脊髓細胞部分再度增生。麥當勞博士和我都同意進行更深入的研究與探索，我的任務是維持固定的運動習慣，並做成完整記錄；而麥當勞博士會把我的運動與進步情況，利用外界可接受的科學方法，進行量化分析與確認作業。

ASIA測試有長足進步

十二月十日那天，約翰與琳達造訪我位於紐約市北部的家，他們的首要任務是進行完整的ASIA測試，這項測試就在我的床邊進行。這是由美國脊髓損傷協會舉辦的測試，委由醫師評估脊髓損傷者的感覺與運動功能情況，利用一種尖端看起來像是Q字母形狀的測試針與安全別針，進行感覺測試。

他們要求病人閉上眼睛，感應測試針輕刷過臉部的感覺，以這樣的感應當作感應測試的基準，並給予一百分的基準分數。接著以隨機選取部位的方式，測試身體其他部位的感應，他們要求病患自行感覺，與原本臉部感受到的情況相較，給予相對評分。身體的感應分爲〇到五不同等級，如果身體部位感受到的與臉部感覺完全相同，就給予五的評分；感覺差異愈大，給予的分數愈低。而安全別針部分的測試更爲困難與複雜了，他們以安全別針較爲圓鈍的一面與尖端部分分別進行檢測，要求病人區分是那個部分觸碰身體，並告知感覺上的差異情況。

而運動功能測試則是另一項全身性的評估，病人平躺在床上，從頭到腳進行檢測。他們列出一張評估身體各部位自主運動的檢測清單，要求病人進行特定部位的運動，評估在病人下達各部位運動指令後，至特定部位開始運動的時間差。

當我們完成所有正式的ASIA檢測後，約翰把檢測單交給琳達，隨即拿出他的攝影機，他要求我重複做出三周前在華盛頓大學進行核磁共振測試時的動作。其實從華盛頓大學檢測返家後，我幾乎每天重複同樣的練習，我想讓約翰看到我的些許進步。顯示攝影機運作的紅色燈號亮起時，我移動了左手大姆指與食指，這次移動的幅度比以往都來得大，也能在較短的時間內將指令傳達到手指上，也能夠要求手指頭進行速度更快與幅度更大的移動。在手掌的上抬方面，就像上次檢測時一樣，我已經能把右手腕向上抬高，撐起整個手掌，十秒內就完成了。

當約翰或桃莉按住放在我左腳前方的小球，我能夠把它推開，我的雙腳腳趾也能略微移動。以前的我從沒想過，我的腳趾頭竟然能有再度移動的一天，而今成功的挑戰與嘗試令我相當振奮。根據約翰的說法，最令人印象深刻的是，有關括約肌控制方面的成果，這跟我平常自誇自擂的情況可不一樣，這樣的成果顯示我的情況有相當大的改善，這意味著，脊髓下側的損傷才是造成肌肉虛弱無力的主因。更重要的是，如果我能夠對括約肌下達控制指令，這表示我的腦部與脊髓掌控的運動神經之間，傳遞訊息的通道未被完全阻斷。

ＡＳＩＡ檢測將結果分爲Ａ到Ｅ的五個等級，Ａ代表受測者的身體完全沒有任何感覺與移動能力，而Ｅ則代表身體的感覺與運動能力完全正常的一百分情況。一九九五年七月五日及六日兩天，當時我在凱斯勒復健中心做過一次ＡＳＩＡ測試。在運動功能、輕微碰觸與尖端測試的三個項目上，我的運動程度僅達滿分的百分之二、百分之八及百分之六，A級非我莫屬。

如今，經過六年半後由約翰．麥當勞博士爲我所做的ASIA測試，結果有了長足的進步，在運動功能項目上，我的百分比進步至百分之十，輕微碰觸部分分數高達百分之五十六，尖端測試方面也成長到百分之二十二。

當約翰告訴我測試結果時，他用了許多的最高級形容詞來描述我的情況，他的表達就像一個四歲孩童，在聖誕節那天早上在糖果店的興奮語調一樣。對於他的熱忱協助，我的感激實在難以言述。更慶幸的是，這樣的進步顯示，每日持續不輟的復健練習的確有其效果存在，是值得的。他約在晚上九點才離開，我還是得繼續面對生活上的現實情況，生活並未出現太大改變。雖然我在這次的ASIA測試上拿到了B的成績，我還是得坐在輪椅上，還是得日復一日地持續進行復健，還是得有人二十四小時輪班照顧我。

幫助機能退化疾病患者

我可以從逐漸康復的樂觀訊息中得到些許慰藉，但我對醫學與藥物上的進步程度，依然感到相當沮喪，在此同時，對於那些身患機能退化疾病的患者，如肌肉萎縮症、多重硬化症與重肌無力症的患者感到同情，因為即使他們努力進行各項復健與運動，依然無力解決病況持續惡化的問題。就如同罹患帕金森氏症、阿茲海默症、糖尿病與其他種種毫無治癒機會的疾病，這些病患也需要來自科學與醫學界的全力投入，找出可能的治病對策。

我們在克里斯多夫．李維癱瘓者協會內部亦討論過一個問題，我們試圖找出應付各項疾病的先後順序，以分配募得金額，用這些募得款項贊助開發最新的醫療技術，我們以投票的方式，決定分配較多的資金協助改善病患的生活品質。二〇〇二年五月三日，克里斯多夫．李維癱瘓資源中心開幕，提供癱瘓人士重要的資訊與支援體系，讓病患與家人面對癱瘓問題時，能夠得到最及時與完整的協助。

肌肉強化訓練

我遵照麥當勞博士的指示，持續進行運動並嘗試活動身體各個部位。我進行的都是精心設計的運動方式，但與健康時的我相較，這樣根本稱不上運動。麥當勞博士建議我盡量嘗試、不要設限，他認爲這是找出大腦訊號與身體之間的其他通行管道，並且喚醒其他靜止不動身體部位的機會。

幸運的是，克里斯．芬提尼剛完成他的訓練過程，他已經成爲一位領有證照、合格的復健治療師了。我們兩個一起完成了一項計畫，根據這個計畫，我們逐步進行身體各部位的肌力測試與肌肉強化訓練。

因這幾年來，我持續不斷地踏踩功能性電子刺激腳踏車，我們決定試驗一下，看看我是否能夠同時讓兩隻腳移動。克里斯讓我躺平，把我的雙腳放在他的右肩上，然後把我的腳往上抬，讓膝蓋呈九十度。當我的大腦下達指令，我會喊「開始」，然後盡我所能使勁伸直雙腳。最初幾次嘗試，想讓我的雙腳離開地面，就像要求網球不要落地同樣困難，但是，重複練習正是成功的關鍵：到了第四次或第五次的嘗試時，我的右腳開始出現抖動的現象，克里斯感受到我的腳有了力氣，似乎要推開他的肩膀，很快地，我的左腳也出現類似情況。過了不久，在我的雙腳愈來愈有力的情況下，克里斯得利用壓住我的雙腳的方式，透過這樣的練習，強化移動與肌力。

而在手部運動上，既然我有能力抬起手腕，我們決定擴大手部的移動範圍，看看我能否活動整隻手臂。克里斯或其他每一位助理都被教導，把我的手臂放在胸前，接著再把手掌張開，放在我的手肘下方，藉以支撐我的手臂重量，並讓我的手臂盡可能得向另一側伸展，這樣的運動目的在促使我的前手臂完全伸展，讓我的三頭肌與前臂伸肌進行運動。

在這個過程中，強化肌力並非主要目的。再次感謝長期以來在手臂部分進行的E-Stim復健，經由這樣的訓練，才能夠讓手指與腦部訊號之間的通道重新建立起來。不過，嘗試運動身體各部位時，其他問題也一一浮現：在不相干的部位上，肌肉會隨之運動。當我下達指令要三頭肌部位運動時，我的二頭肌與三頭肌也會一起湊熱鬧。但我了解，持續不斷的練習，我就能更精確地掌握肌肉運動的部位。

早在一九九五年我仍待在復健中心時，把手臂往胸部的另一側伸展，就是當時復健的重頭戲之一，我的身心都已經習慣藉由旁人協助，進行這樣的復健。但這次可不一樣，我得利用自己的肌力、習慣與意志力進行相同的動作。

我只花了一星期左右就了解，只要我在下令移動三頭肌時更集中心力，各種不相干的移動情況就會更快地平息。而今，我能夠略微伸展我的前手臂部位，剛開始只是些微移動罷了，但其後隨著練習次數愈來愈多，速度與準確度與日俱增。過了一個月左右，我的雙臂與雙腳上的神經腱似乎重新活了起來，如同食指的情況一樣，大腦主要運動區發出的指令，已經可以成功傳達訊息到身體的運動部位了。

身體自行維持平衡

到了二〇〇一年一月，我一天至少要花三到四個小時進行日常的復健運動，若當天進行上半身的復健，隔天就進行下半身的運動，內容則結合E-Stim、功能性電子刺激療法腳踏車與其他的自主性運動訓練。在手臂練習部分，我的雙臂已經可以完全伸展，也可以像鳥類張開雙翼一般把雙手舉起來。接著我開始練習平舉雙手，並讓它們慢慢往下移動，靠著我的身體兩側休息。我也能以單手進行練習，再換另一側。或在助理稍微支撐手腕與手肘的情況下，同時進行雙手舉高、放下的練習。

某日，我決定試著以自己的力量從輪椅上坐起來。當然不需假設我會成功，但也不需預設立場，認定我一定無法做到。畢竟在我的日常復健中，利用E-Stim設備刺激腹部與癱瘓部位的肌肉，這應該有幫助。桃莉與克里斯把我的輪椅推到傾斜板旁，然後將我移到輪椅的邊緣處。克里斯站在板子旁，避免我整個人向後仰，桃莉則站在前方，預防類似的意外發生。我要求她把我的雙腳拉開，與肩膀同寬，給我最基礎的支撐；我又要求克里斯把我的上半身扶起來，確定我的身體是筆直的，沒有向左或向右傾斜。然後，我請他們兩位放開手。結果，什麼也沒發生，沒有出現我預期的結果，我還是只能坐在那兒。

所有的運動都需要不屈不撓地練習，光是想直挺挺地坐著，就需要身體全然放鬆，並要求神經與肌肉進行持續與細微的互動，讓我維持平衡。當我出現向左或向右傾斜情況時，我會要求另一側的肌肉進行調整，讓身體重回平衡狀態。我欣喜地發覺，靠自己坐著並保持平衡，並不是那麼困難。身體在自然狀態下總會自行維持平衡，這也正是身體最想維持的狀態。或許經過了這麼多年的癱瘓狀況後，身體還是記得這樣的天性。這也就是即使二十年完全沒碰腳踏車，再度騎上車那一刻，記憶就會浮現，能踩著踏板前進的原因。

我把眼睛閉了起來，就當實驗一樣，我想了解視覺的輔助是否是維持身體平衡的要素。又一次，啥事也沒發生。在五分鐘的靜止狀態中，我就坐在那兒一動也不動，然後開始感到有些疲倦。我的頭重達二十六磅，首先向前傾，上半身也隨之向前傾倒。但在倒下之前，我在不靠任何人的扶持下，已經直挺挺地坐了一個半小時。

創造歷史

回想過去的經驗，在我成爲脊髓損傷患者的歷程中，有三個重要的里程碑。首先是發現我的脊椎並未完全損傷；其次發現我能自行呼吸，雖然不能持久。而受傷部位以下的肢體移動，以及不靠他人協助能直立坐著一段時間，都意味著我對自己的未來復原情況，還能夠有更多期許。

我在二月時重回聖路易市進行另一回合的測試與評估。功能性的核磁共振檢測結果顯示，在前次檢測中的各項肌肉運動訊號，大部分都源於大腦主要運動區的指令，亦有少部分指令出自大腦的另一側。而ＡＳＩＡ測試非常順利：我的運動與感覺情況大幅進步，我被重新歸納在ＡＳＩＡ的Ｃ等級中。麥當勞博士爲此相當歡喜，以「創造歷史」描述這個結果。

我備受激勵，既然持續復健得以使身體情況大爲好轉，只要保險公司肯支付被保險人購置相關設備的費用，使他們持續進行復健，脊髓損傷的病患必有恢復正常機能的一天，能重返職場與學校。對於符合某些條件與等級的病患，難道保險公司不應該提供有益的設備與支援，讓他們能夠持續進行復健與醫療，讓病患能夠過得更好或是繼續前進嗎？

劃時代的理論

加州大學教授瑞吉·艾德吉頓博士(Dr. Reggie Edgerton)的研究中，早已證明上述的說法，結果亦令人信服。根據他提出的理論，人類走動其實不需接收太多大腦的指令，他以半身癱瘓的病患爲實驗對象，這些病患的上半身還能運動自如，但自臀部以下毫無知覺。他讓這些病患踩在復健踏板上，只要打開開關，在電動踏板的輔助下，他們的腿部自然就會運動。剛開始進行此項活動時，得由好幾位復健醫療師與助理從旁協助，才能確保他們的腿部維持在正常位置，以免扭傷與骨折。艾德吉頓博士與他的小組逐漸發現，如果病患每天踩踏電動踏板一個小時，約在六天以後，病患就有辦法在枴杖的輔助下，自行站立行走。

拜訪艾德吉頓博士的實驗室時，我看到一位年僅十八歲的下半身癱瘓人士，他剛完成復健訓練，靠著自己的力量從復健椅上站了起來，自行穿越房間，走到位在房間另一頭的復健設備上，做完另一項復健活動後，再度自行站立，在沒有任何人或器材的輔助下，走回原本的座位上。就技術上而言，這位病患並未完全被治癒，但在這些特殊設備的輔助下，他的復健情況與功能恢復成效相當驚人，對他的保險公司而言，這位病患將不再是負擔。再以我的情況爲例，努力的復健讓我不再需要那麼頻繁地進出醫院，但我仍然質疑，究竟要到何時，我才能像這位十八歲的年輕人一樣，讓我的生活出現重大轉變呢？

在我返家後，我開始加強每日復健作業。我把騎腳踏車的時間拉長，增加自主運動練習的頻率與次數，還把E-Stim機器的電流增強。我花了更多時間與心力靠自己呼吸，試著強化橫隔膜的力度，希望有一天能完全擺脫呼吸器的控制。

佛羅里達大學的丹尼爾．馬丁博士(Dr. Daniel Martin)與保羅．達文波特博士(Dr. Paul Davenport)發表一項劃時代的理論，他們表示，身體在運動過程中產生的二氧化碳，會要求身體吸取更多的氧氣，這也是造成人類在運動時呼吸變得較爲急促的原因。

他們的方法是，在病患進行復健運動時，藉由減少由呼吸器供應的氧氣量，讓病患體內的二氧化碳濃度升高，直到病患無法忍受的程度。反覆進行後，病患的腦幹組織就能獲知這項訊息，並啓動自動呼吸機制，這個理論已經在動物實驗上獲得成效。人類血液中的二氧化碳濃度平均約在百分之三十五至四十五間，我剛開始嘗試這個方法時，血液中二氧化碳濃度約爲百分之二十五。到了二〇〇二年五月，血液中二氧化碳濃度增加至百分之三十四，在我騎復健腳踏車時，我甚至可以忍受把血液中二氧化碳濃度提高至百分之四十七至百分之四十九，最長可以持續四十五分鐘。但即使如此，我的自動呼吸機制仍然未啓動，還在努力中。

在泳池裡滑步行走

二〇〇一年七月八日，是我復健生涯中的另一個分水嶺。當時我再度來到聖路易市作測試，約翰．麥當勞博士決定：「把我丟進游泳池的時候到了」。當然，他並不是眞的直接把我從輪椅上丟到游泳池裡，但對於麥當勞博士、他的復健治療小組與我而言，這是前所未有的經驗。從來沒有身上掛著輔助呼吸器的病患下過游泳池，多數復健人員與設備亦從未考慮讓全身癱瘓的病患進行水中療程，萬一水流進呼吸管裡，或呼吸器掉到游泳池裡，該怎麼辦？約翰回答的妙：只要ＩＱ在兩位數以上的人都知道，一定要有人在游泳池旁把呼吸器固定住，還要有兩到三位的工作人員協助，讓呼吸器管線遠離水面。問題不就解決了嗎？

沒多久，我發現自己滑入水中，以仰泳的姿勢浮在水面，這是癱瘓六年以來首次進入游泳池裡。他們在我的頸子與腰部綁著空氣浮板，我感受到全然的放鬆，也能感受到溫暖的池水包圍著我。一位復健治療師扶著我的肩膀，讓我的身體像蛇一樣，輕柔地擺動。我看著自己的腳，看起來好像相當遙遠，也前後地擺動著。我覺得身體變得輕盈，從坐在輪椅上的壓迫感中解放。

歷經約十分鐘無與倫比的幸福感受後，工作的時間就到了，我得展開後續的水中復健作業。我必須在水中做出和在陸地上一樣的各種動作。有位復健治療師突然說：「要不要試著在水中站立？」除了說「好」，沒有第二個答案了。下一刻，我感覺到有許多隻手扶著我的身體，讓我在水中直立起來，有人立即在我的雙腳套上塑膠靴，還在膝蓋處綁上約五磅重的物品，以維護我的安全。他們要求我在水中屈膝彎下，讓我的身體在氣管以下部分浸入水中，我必須試著踢水，讓自己的腿部直立起來。我將注意力放在我的四肢部位上，想再度嘗試利用腦部訊號與身體部位間的連結，完成這項任務。

當我自認準備妥當時，我在心裡默唸「開始」，我的肌肉果然開始動了起來，在水中的我也再度直立，突然間，我成了水中所有人裡最高的那一個。約翰、琳達、桃莉、負責記錄與攝影的人員、在一旁觀看的工作人員們，他們爆出了歡呼與掌聲，熱烈的情況就有如見證太空人登陸月球時般的激動。

沒錯，這的確是項進步，但在眼前的是，我還有更多的阻礙與困難要去克服。我終於站起來了，下一步當然就是嘗試行走。我曾經利用艾德吉頓博士發明的踏踩機，讓我的腿部邁開了幾步，但這是在有各種支撐設備，以及自動踏踩機的運轉下才出現的成績，這與我自己移動雙腳截然不同。受傷以後，這是第一次有人要求我自己行走。

復健人員的雙手依舊扶著我，讓我在水中保持身體直立，當我把全身重量移向右腳時，有位復健治療師告訴我，我可以看著我的左腳，並試著讓左腳向前踢，就像把腳往前推的練習一樣。在克里斯．芬提尼的協助下，這種練習我做過不下數百次。於是，我努力地將左腳向前踢，突然看到我的左腳往前移動了，離池底尚有數英吋的距離。另一位復健治療師要求我再把右腳往前推，並且把身體的重心移往左邊。我心想，這是人類的一小步，卻是我人生中的一大步。在復健人員的協助下，我不斷地在水中進行這樣的復健過程，把右腳往前踢，把重心移往左邊，再把左腳往前踢，把重心移到右邊。

在首次嘗試中，我一共向前移動了八步，直到自己碰觸到呼吸器管線為止，並在工作人員的協助下，漂浮到原本的位置上。在我們持續練習後，我的身體似乎記住了要做些什麼，雙腳之間的移動與身體重心的移轉變得愈來愈順暢、理所當然，在當天的復健訓練結束時，我已經在水中來回走了八趟。

運動機能逐步恢復

到了二〇〇一年九月，每周到位於辛辛那堤附近的吉洛德復健中心(Gaylord rehab facility)進行水中復健療程，已經成爲我復健計畫中極爲重要的一部分。在最初的六次療程中，那裡的復健治療師會全程嚴格監督；其後的復健課程中，則由我們的小組中兩位護理人員與兩位助理協助，我即可進入游泳池展開復健作業。每周五下午的這兩個小時復健過程，很快就成爲我每個星期最期待的事，我們並沒有足夠的人力協助我在水中行走，但我盡可能地練習每個步驟。有時侯復健成效會比較好，有些時候則沒什麼進步，這完全取決於我前一天晚上的睡眠狀態，但整體而言，整個復建過程的成效還是令人相當滿意。

努力終有回報，二〇〇二年一月二十日，我再度前往聖路易市進行復健成效評估，效果立即顯現。這次的評估過程一共要花三個工作天，除了原本進行的體能測試與評估、ASIA測試及三個小時的核磁共振檢測外，約翰與他的研究小組還要詳細測量我的肌肉活動情況，檢查的內容包括利用肌電圖(EMG)設備進行橫隔膜檢測。

我覺得自己好像變成一個巨大的針墊，身上插滿各式各樣的測試針，但我了解，肌電圖的測試針可以獲得更正確的資訊，好判讀腦部訊號與肌肉運動間的時間差，也能掌握住肌肉的虛弱與衰退情況。

幸運的是，就像擊出全壘打一樣，我在運動功能測試上獲得的分數從十一上升至二十，輕微碰觸的分數也從五十七揚升至七十八，尖端測試也從原本的二十二，升高到五十六。現在，約翰已經收集到足夠的資料在科學期刊上發表，他的研究結果亦顯示，對於慢性脊髓損傷的患者而言，各項活動相關的訓練與復健，有助於身體運動機能的恢復。

不過，他表示，這樣的測試至少要進行兩年之久，因爲有三十位以上的神經醫學家要詳細評估過我的運動情況，即使他們已經親眼看過我的運動情形，但仍表示不可能發生這種事，這份科學報告無可避免地會引發爭議。但我們依然期望，透過此一報告的發表，能夠讓神經醫學家、復健中心和保險公司，以新的眼光來看待這種復健治療法，不僅能將這個方法應用在脊髓損傷患者的治療上，也能應用在中風等其他中樞神經系統失序的患者身上。

第八章

探尋人生的眞諦

宇宙論者堅信，上帝不會譴責祂的信眾；唯一教派亦相信，人性本善，不會遭受上帝責備……宇宙論者相信上帝擁抱群眾，這不僅是宇宙論者的中心思想與信仰，亦是其他宗教亙古不變的真理。只要生而為人，不論性別、膚色、種族或階級，天生即具有莊嚴與價值。

——湯瑪斯・史德・金(Thomas Starr King)，一八〇〇年代

……我們想讓大眾了解這樣的信念，這也是我們宗教信仰中的一部分，我們堅信，全人類就是一個大家庭，四海一家，唯有愛能把我們凝聚在一起，恐懼則令我們分崩離析。

——芭芭拉・沛斯肯(Barbara J. Pescan)

在我與精神教派相遇之後，雖然無法發展進一步的因緣，但卻開啓了我探索性靈之門。在一九九五年受傷以後，我預備用未來二十年時間，全力探究人生的大問題，唯有在不被其他事務干擾，心靈不被其他議題佔據時，才能專心思考。

有些人想把他們的信念強行加諸我的身上，要求我接受，例如精神教派人士就曾邀

請我重回教會；我在八〇年代時的表演老師希望我成爲佛教的追隨者，成爲佛教領導人帕帕．穆喀塔南(Baba Muktananda)的信眾。

在我扮演超人的年代，我收到數百封影迷的來信，其中一再強調裘艾爾(Jor-el)就是上帝，而他的兒子卡爾(Kal-el，即超人)就是耶穌基督，上帝將超人從克普敦星球(Kyrpton)送到堪薩斯州，意在讓超人展開拯救世界的任務。

我應該感激這些影迷把超人比擬爲耶穌，但是，我認爲超人只是一個形象鮮明的虛擬角色，是流行文化創造出來的人物，並非神話世界或宗教信仰中的神祉。若宗教界中有人把超人當成耶穌，甚至把現實生活中的我視爲超人，果眞如此，我是如何從一位活躍於舞台的紐約籍演員，一躍成爲先知彌賽亞呢？

感情轉淡　關懷未減

在一九八七年時，我與同居人蓋亞．艾克斯頓(Gae Exton)已經漸行漸遠，我們的關係愈來愈淡薄。在那年二月初，我一拍完超人第四集，便立即返回紐約，把當時七歲的馬修與五歲的亞歷珊卓留在那裡，和他們的母親蓋亞一起。我與蓋亞的分手相當和平、理性，我們把孩子的權益放在第一位，這比其他事情都來得重要：我們決定共同監護他們，讓他們同時擁有英國與美國國籍，並一起商討所有重要的決策。直至今日，我仍未完全克服離婚的良心譴責，我的父母也離婚了，當時我曾因爲父母分離而感到傷心、難過，我希望馬修與亞歷珊卓不要像當年的我一樣痛苦。

我居住在距美國三千英哩之遙的英國，我必須找出方法，讓他們不會對父母離婚一事耿耿於懷，並持續關心他們的生活。那年二月底，我正在拍攝一檔有關未來飛行議題的記錄片，拍攝現場位於華盛頓的太空博物館，我經常隨身攜帶錄影機，拍下自己在華盛頓紀念碑與傑弗遜紀念碑旁的身影，甚至把自己經過白宮時的影像拍下來。

我回到紐約時，還特別跑到孩子經常去玩耍的公園，他們在那裡玩了無數次捉迷藏，我把那裡的場景記錄下來；我前往我們居住的公寓街角旁那家咖啡屋，當我在那裡喝下每天早上的第一杯咖啡，店員總是拿香蕉招待馬修，我錄下店員給馬修的祝福話語；我爬上公寓頂樓，拍下對街的自然歷史博物館，在下雨的日子裡，那裡是我們的第二個家。在錄影帶的結尾，我對著錄影機錄了一段話，告訴他們，我們很快就會再見面。

我盡全力讓我的語調聽起來相當正面與愉悅，但是當我前往郵局，把錄影帶寄出的那一刻，我仍無法確定，我是否能隱藏痛苦，不讓孩子們發現我的難過。我需要分散注意力，任何能讓我覺得心情好一點的事物。但藥物與酒精是我避之唯恐不及的，我不想讓這些東西把自己弄得迷迷糊糊的。

親愛關係訓練

把信寄出去以後，我從郵局出來，在返家的路上，看到名爲「親愛關係訓練」的小冊子，我立刻翻閱，得知這個訓練的目的是藉著學習如何愛人，包括身邊的人與路上不經意遇到的人，從中尋得快樂。他們一年到頭都在全球各主要城市中，在周末時舉行座談會，並歡迎舊雨新知一同參加。而下一場活動正好在紐約舉行，時間在兩周以後。我覺得這件事不僅僅是巧合，或許正意味著，我必須藉由檢視自己生活的方式，探究心靈治療的根源。

我預約參加這場座談會，並在周五下午，如期出現在紐約城中區的旅館，展開這個周末的「親愛關係訓練」。我在報到處塡寫表格，包括完整的私人資料，並簽了一張一千五百美元的支票支付費用。然後我發現自己身處旅館的大型宴會廳中，參加這次研討會的大約有三百人，大家都坐著等待座談會正式開始。我環顧四週，發現來參加的年齡層從老到幼都有，也包含各行各業的人士，但至少沒有人看起來是緊張或呆滯的，和我在一九七五年時遇到的精神教派人士形成相當明顯的對比。

不久，宴會廳的邊門被打開，座談會主持人加入了我們，大約四十歲出頭男、女各一名，身著剪裁合宜的套裝與精心設計的衣著。那裡沒有任何的工作手冊、錄影器材、測謊機或人格測試，他們只是輪流發表演說。雖然這些話他們可能說過不下數百遍，但他們的語調聽起來一點也不像是排練過的。我不覺得自己在聽演說，反而融入其中。即使在這麼多人面前，他們仍讓人感覺放鬆、溫暖與親近。如果你曾聽過迪帕克．邱伯亞(Deepak Chopra)演說，你就能體會我說的了。

他們一開始即闡述「親愛關係訓練」的細部概念，認爲這是生活的基礎，並解釋，所有與會者在周末時，將花費許多時間進行實務的練習與應用。開場白相當簡潔：所有人均生而平等，值得愛人與被愛。人與人之間的關係都與愛息息相關，不論是家人之間、朋友之間，甚至是快步走在街道上，與錯身而過的路人之間，都會彼此傳遞愛意。

當我們坐在餐廳裡時，有多少人眞正注意到侍者們？在他們向顧客介紹今日特餐時，我們或許還會聽聽他在說些什麼，但在晚餐後，誰能具體描述爲你服務的侍者？同樣的，你記得住公車司機、收費站人員的樣貌嗎？我們極力追求自己設定的目標時，幾乎不曾注意週遭的人。其實只要短暫的眼神交會，都是對旁人的肯定，而這就是一種親愛關係。

就像其他簡單的數學公式一樣，許多人發現這個程式看似簡單，卻不太可能解答。如何讓一個人去愛多年毫無往來，彼此互相嫉妒或憎恨的親友？我們如何期盼自己去愛一個曾經傷害過自己的人？

學著原諒並關愛別人

首先，我們被要求在周六上午的課程裡，描述父母曾經對自己造成的傷害，其中有那些已經超乎自己忍受的極限，我們把這些事情記在筆記本上，並告訴自己這些事情已煙消雲散。從今日起，我們對自己許下承諾，表示將完全原諒他們曾經帶來的傷害。接著，我們將想得到的敵人、仇家、惡意批評者，或是我們曾經嫉妒或曾遭他們欺騙的人逐一列出。我們只有十分鐘去想他們的姓名，並寫下來。時間的限制眞是好主意，不然，我們恐怕得花上好幾個小時才能完成這件事。

下一個任務是，列舉十個最能描述自己的詞彙，不要摻雜別人對自己的看法。然後再以十個詞彙定義自己最想成爲的人，並非找出在現實社會中的模範角色，而是將自己內心的想法加以實體化。完成這些事項後，他們給了我們一點時間，找一位夥伴組成兩人小組，併肩參與這個周末中其後的課程。

對我來說，這眞是令人害怕的提議，我得承認，我還沒放下原有的判斷，不能輕而易舉地與陌生人共處。我決定把事情變得更簡單一點，不要讓這樣扭捏不安的情緒影響我。事實上，大多數來參加這次座談會的人都認爲，這個周末最不可思議的事莫過於我竟然是第一次參加這樣的座談會。幸運的是，星期五下午時，我已發現我附近有三位相當吸引人的女性，她們三位一直形影不離，於是我選定了離我最近的那位女生，並立即趨前，打算在其他人邀請她之前捷足先登。

我應該對親愛關係訓練下個不太成功的註解，因爲我只花了大約一天半的時間，學習每個人生而平等、値得獲得平等一致的關愛，但我卻是「物競天擇說」的達爾文主義的信奉者。我們得快速地完成所有的課程，當中沒有太多的討論，不過，一旦與另外二百九十九名與會者眼神交會，我們就會沈浸其中，這就是親愛關係座談會的目的。

我挑選的夥伴是位高眺、美麗的金髮女子，大約二十歲出頭。她十八歲時就離開家鄉賓州，前來紐約追求她的模特兒事業。我其後從她的口中得知，她在事業上的確闖出了一番成績，但感情生活卻不太順遂，她形容自己總是習慣性地愛錯了人，那些男人曾經違背承諾、虐待她並踐踏她的自尊。我和她分享我的想法，我希望旁人不要以爲外表光鮮亮麗的我們，現實生活也與戲劇中所展現的一般無憂無慮。

這樣一對一的對談持續了整個下午，並佔據了周日上午的大部分時間，我們寫下並分享我們所深愛、憎惡、想銘記於心以及欲拋諸腦後的人、事、物。一如之前，我們並沒有太多時間討論，但我卻發現自己對挑選夥伴這件事感到興奮。我們寫下腦中浮現的第一個想法，彼此分享，雖然對方是初次見面的陌生人，但很快地，我發現我能毫無保留地與對方分享所有的想法。

然後，參加此次座談會的三百名成員，被分成每組十五至二十人的小團體，包括我的夥伴在內，魚貫地前往用餐的場所。那時，我們的情緒都相當高昂，我們已學會採取正向思考、揚棄負面情緒。我們優閒地用著餐點，享受這美味的一餐，並專注地聆聽座談會的主持人之一談及和諧聚合的心靈開發經驗。根據「馬雅預言」所稱，這正是宇宙新世紀的起源。

從熱水盆裡再生

接下來他將話題引導至親愛關係訓練的下一個步驟中，他要我們參加座談會後，必須審慎地考慮進行後續活動，即「從熱水盆裡再生」。其實我完全不懂這個過程的進行方式與意義何在，但我的心裡只想著，我的夥伴是否會繼續參加親愛關係訓練，我們能否在其後的課程中相遇？

遺憾的是，他們在這個時間點失去了我。所謂「從熱水盆裡再生」是由兩位合格的再生者，與一位親愛關係訓練結訓者共同主導進行，這項活動是在家裡進行的，也就是說，再生者家裡可得負擔得起一棟擁有大澡盆的紐約公寓才行。

「再生理論」奠基於人出生時痛苦難忘的經驗：在懷胎十月的過程中，我們身處於溫暖、黑暗的子宮，出生時會被產房內的強光、戴著面具的怪物或自背後突如其來用力的拍擊驚嚇，顯然地，我們對這個世界的第一印象太過於深刻，以致於其後的一生充滿憤怒與懼怕。再生的意義在於努力地解決這種負面的感覺，拒絕這種情緒持續困擾我們，能放開心胸去愛人，並重新理解生而爲人的價值。

在「從熱水盆裡再生」課程中，必須先重塑與出生時類似的環境，讓經驗重生，並藉此重新塑造我們對誕生的經驗。學員與合格的再生者必須一同合作，把過去可怕的情境完全改變過來，受訓的學員必須重新回到出生前的情況，也就是捲曲著身體，將全身浸入溫暖的水中。再生者必須以雙手哄拍、輕撫受訓者，讓我們感受愛意與溫暖。在耳邊呢喃的是輕柔的音樂及溫柔的語調，歡迎我們來到這個世界。

不用說，對我而言，這三次再生過程相當愉悅，愉悅的情緒甚至差點超過我所能負荷。問題是，他們對我的期待實在太過明顯，我盡全力假裝自己重新回到母親的子宮內，但即使像我這樣擁有多年表演經驗、具有豐富想像力與揣摩能力的人，依然無法把熱澡盆與母親的子宮聯想在一起。於是，負責此項訓練的再生者努力傳遞更多的愛意，給予我更多的支援，以易感的情緒迎接我的誕生。如果我告訴他們我完全是假裝的，絕對是殘酷的。他們並鼓勵我，每個月至少要參加兩次再生訓練，再次強化天眞性情，避免負面情緒重新走進我的生活。只不過，一次再生訓練要花費二〇〇美元，所費不貲。我向他們保證會審愼地思考這項提議，但我再也沒聯絡他們。我只想和我在親愛關係訓練中認識的夥伴保持聯絡，但是這樣的接觸通常沒什麼效果，加上當時，我的確需要獨處，所以我並未與她聯繫。

我不再參加親愛關係訓練活動的原因，與當時我離開精神教派原因相當類似，我實在無法相信這些立即的聯結，我不相信只要寫下原諒父母或其他人的字句後，就能眞正放下這些恩怨；我更不相信，只要藉由令人感到愉悅的再生過程，就能夠揚棄過去種種不愉快，展開全新的生活。

我認爲，如果我們想誠實面對自己，尋找生命中各項重要問題的答案，將是長期不斷進行的過程。究竟要多久才能尋得人生的眞諦，因人而異。以我過去的生活經驗來說，信念是個相當困難的概念，我了解它，就是我們願意相信的生活價值，但它很難預先得知或具體描述，更遑論練習了。

相信靈性存在

身爲演員的我，我的工作就是闡述故事的內容與角色，我也相當享受這樣的過程。許多演員長期扮演同一個角色會感到厭倦，但我卻相當喜歡這樣的方式，如我參與的「七月的信念」(Faith of July)、「奧斯朋語錄」(The Aspern Papers)演出一樣，每一次演出都是全新的機會，讓我重新學習角色的性格，又能在知道結局的情況下，完成所有的表演過程。

我最初的信念與宗教毫無關聯，那是當我與黛娜共結連理時發生的。老實說，我是一個懼怕婚姻的人，或許是因爲我的家族中有太多婚姻失敗的案例。一九九二年春季的某一天，當時我正在麻州，從觀景窗裡遠眺柏克緒山，我的口中不斷地喃喃自語，重複著誓約，只因我實在無法相信這是眞的。我不知道該如何定義黛娜與我的未來，只能按照我的信念而行，但對我來說，這已經是向前跨越了一大步。

三年後，我卻失去了全身的運動能力，我的自尊與自我認同完全奠基於眞實世界，我珍惜健康、運動、旅遊與冒險。受傷之初，我實在無法想像，沒有這些活動我該如何生活。瞬間，癱瘓造成了難以言述的空虛感。家人、朋友以及來自全球各地、不吝給我祝福的陌生人們，他們向我保證，信奉上帝並誠心祈禱，或許能讓我覺得舒坦。我試著禱告，但我並沒有感到好過一些，也沒有感受到任何與上帝間的連結，我開始懷疑我到底出了什麼問題？我已經跌斷了頸椎，導致全身癱瘓，但或許終其一生我仍無法找到心目中的上帝。

一位與我年紀相仿的好朋友，從孩童時期就過著變動不安的生活，最後他找到了他的信念。他給我的建議是：「假裝你已經做到了，直到你眞正成功爲止」，換句話說，只要誠心祈禱，當中的意義遲早會浮現。但我試了又試，始終未能成功。甚至在凱斯勒復健中心時，每一個無法成眠的夜，我的心神游移不定，任由情緒控制了我的全部思想。

最後，我決定不被自己擊倒。我早已不是學校的小毛頭，沒有必要在宗教課中拿到好成績。當記者不斷地追問宗教在我生命中的重要性時，我開始這麼說：我不確定世界上是否眞的有上帝存在，但如果祂正在看我們，我必定會好好表現一番。

漸漸地，我開始相信靈性依照我們的生活方式存在著，意味我們必須花時間爲人著想。其實，想像這個世界上有某種超能力存在，並不困難。我們不必知道超能力是如何形成的，或以何種形式存在，只要對於這些超能力給予崇敬之心，並試著與它共存，就足夠了。正因爲生而爲人，我們時常失敗，但我們不應受罰，這樣的認知讓我們感到安全，並有意願再度嘗試。

信仰「唯一教派」

在適應受傷後的新生活的過程中，這些想法逐漸浮現，我從沒料到我在潛移默化中，逐漸成爲「唯一教派信徒」(Unitarian)。在我年近半百時，竟然在毫無預期的情況下，朝信念與組織性的宗教思考靠近。黛娜、威爾與我定期參加服務活動，當然還是要有護理人員隨行。

蘇・席達瑞拉(Sue Citarella)是一位虔誠的天主教徒，曾與我們一起參加唯一教派的活動，並因爲這些活動中熱烈歡迎、不預設立場的氛圍而獲益良多。套用教會裡牧師所說的話：「由於與會的教友眞誠地對待自己，因此我們把教會視爲眞誠、莊嚴的場所，任何眞誠的懷疑都不會被當成是異端，對過去與現在的信仰，更是造就未來成長與發展的靈感與觸媒。」

就在不久前，黛娜與我在參加教會活動後促膝長談，分享我們對教會與服務的看法，我告訴她，當你走進教會大門時，你不會被認定是充滿罪惡的，這正是我喜歡唯一教派的原因。祈禱時，你不需要承認你的罪惡，教會的人還會告訴你，當你聖讚聖母瑪莉亞與天父，你就會發現上帝始終與你同在。上帝不是一個戰士，並不具有令人害怕的父權形象，它會以雙手擁抱你，在你犯錯而被處罰時，帶你走出陰暗的柴房。教會不會要求你捐出所得的固定比例金額，作爲對上帝的奉獻。

上帝了解，多數人並不知道祂究竟身在何處，或如何拼出祂的名字。祂知道，要求人類愛自己、家人甚至鄰居，並不是容易的事，留待慈悲來處理。相反地，祂要求我們全力以赴，堅信眞實是人類與生俱來的能力，就如同亞伯拉罕・林肯所言：「當我做了好事，內心即充滿喜樂；當我做了壞事，內心亦痛苦萬分。這就是我的信仰。」

在一九六〇年代，嬉皮在他們的車子畫上代表和平的記號，還寫下「上帝就是眞愛」的字眼，他們之中多數人的腦袋瓜裡想的或許都是性，但探究他們寫這些字句的深層意義，卻是相當深遠。我想，他們與誠實的亞伯(Honest Abe)都是對的。

第九章

航向未來

> 希望本身就是一種快樂，或許，這也正是這個世界中，人們唯一負擔得起的快樂；但是，就如同其他人過度享受的歡愉一般，懷抱不切實際的希望，就得付出痛苦的代價；過度沈溺於期待之中，結局便是失望。
>
> ——山謬・傑森(Samuel Johnson)

每個熟悉「超人」影集的人都知道，它是一九三八年由傑瑞・西吉爾(Jerry Siegel)與喬伊・梭斯特(Joe Shuster)創造出來的人物，他象徵「眞實、正義與美國典範」等多重意義。在英國松木影城拍攝超人第一集期間，導演理察・多納(Richard Donner)的辦公室牆上掛著一個模型，是超人飛行的英姿，這個美國與全球人民心目中的超級英雄模型的手上拿著一面旗幟，寫著「逼眞」兩字，它在《美國大辭典》的解釋是「接近眞實或現實的品質」。

拍攝「超人」電影的劇組人員面臨的挑戰是，創造具有說服力的模擬畫面、音效與飛行效果。每位參與此片的工作人員都了解，在該片之後的廣告促銷活動中，必定會以

「只要相信，你就能飛上天」爲主軸。以一九九七年的電影特效水準而言，超人所採取的科技輔助作業是當時的最高標準，更是電影結合科技的創舉。身爲演員的我，最大的挑戰是達成特效與技術人員要求的效果，如果他們能夠利用科技讓電影中的超人角色表現更爲逼眞，我必須要能達到相同標準。

「超人」是代表希望的朋友

首先，我檢視這個角色的人格特質以及爲後世子孫帶來的啓發爲何。「眞實」與「正義」的價值觀似乎比較容易了解，但何謂「美國典範」？其意義爲何？與其他同樣採行民主制度與重視人權的國家相較又有何差異？美國典範是否意謂著比其他國家優異，這樣的隱喻與觀點是否會帶來危險或招致反效果呢？

在我抵達倫敦並展開電影拍攝前置作業時，我立即向導演提出這些問題，他似乎對我表現的熱忱與提出的證據感到十分高興，他認爲這表示我以相當嚴肅的態度面對工作，但他也要求我自己解答。當時距離開拍日還有三個月，而他正爲技術問題困擾不已，似乎每個部門前一天都追著他要最後的決定。

導演為了電影拍攝的各項細節忙得焦頭爛額，於是我聽從他的建議，決定自己找出答案。在經過深思熟慮並和朋友深入討論，其中包括部分從政的超人迷們，我決定以自己的表演方式呈現超人。由於超人是全球人民心目中的英雄，他的國藉根本不重要。在劇本中的一個橋段：當路易斯．藍恩(Louis Lane)問道：「你是誰？」超人的回答是：「一個朋友」，這正意味著超人不受任何世俗規範的限制，他正是希望的象徵。面臨逆境與困難時，代表希望的超人總會以朋友之姿出現，為民眾排解疑難雜症。

我還仔細思考過美國典範的其他層面與多元社會的基本權利：包括機會均等、擁有被公平對待的人權、暢所欲言的權利與公平競爭的機會。過去幾個世紀以來，人類不斷為捍衛這些權利而努力，但那些不再存在或是曾經被消滅的國家，數百萬人民甘冒生命危險進行逃亡，大多數人只帶著簡單行李即倉皇奔走，希望，正是他們逃向自由社會的最大支撐。

這不過是對超人角色輕描淡寫一番罷了，我當然知道這只是一部電影，我也知道超人是虛擬人物，但對我來說，根植於超人這個角色，與他要在螢幕上表現的價值觀，應該要能在現實世界運行。

期待合理、公平的政策

從我突然癱瘓的那一刻起，「不公平」是我唯一的反應，憤懣的情緒充滿了我的內心。理智上，我當然知道生活本來就不公平，倒楣事隨時隨地都可能降臨在任何人身上；但情緒上，我完全無法控制自己。

我強迫自己回答無解的問題：爲什麼是我？我究竟做了什麼，要遭到這樣的處罰？這一點也不公平。隨著時間流逝，受傷引起的不理性情緒逐漸消褪，但這樣的經驗還是影響了我看待世界的方式：我希望受到公平的對待，這樣的原則不論是參加棒球比賽、曲棍球教練組織球隊、商場上的職業道德或選擇政府代表等，都應該有合理、公平的遊戲規則。

雖然我是註冊的民主黨員，但我與多數朋友一樣都是「選人不選黨」，完全依據候選人提出的政見決定自己的選票去向。身爲一位紐約州的選民，在參議員選舉時，我把票投給了民主黨的希拉蕊・柯林頓(Hillary Clinton)與察爾斯・史考默(Charles Schumer)，但在選舉紐約市長與州長時，我卻分別把票投給了共和黨籍的魯迪・朱立安尼(Rudy Giuliani)與喬治・帕塔基(George Pataki)。

一九九〇年代早期，我加入其他倡議者的行列，挽救國際藝術捐贈基金會，其中兩位反對最力的參議員是共和黨籍的參議員亞蘭・史伯克(Arlen Specter)與傑西・漢姆士(Jesse Helms)。但一九九七年起，我卻與亞蘭・史伯克參議員密切合作，一同爭取醫療照護改革、傷殘者人權與爭取國家對生物科技研究的經費補助。參議院在二〇〇二年表決動物福利法案，傑西・漢姆士參議員提出另一項修正案，其中排除對老鼠、鳥類的保護令，只保護較高等的動物，如狗和靈長類動物。倘若漢姆士提出的修正案未能通過，研究人員在老鼠、鳥類身上進行臨床實驗時，就得遵守與人類臨床實驗上同樣的嚴格標準，如此，暴增的支出與各項綁手縛腳的限制，等於是爲動物臨床實驗頒了一道必死金牌，所有進行中的動物實驗也會被迫中止與取消。

我年輕時，從沒想過有一天我竟然會與漢姆士參議員聯手做事，但隨著年齡漸長，我已經深刻了解到，要改變白宮政策最有效的方法，就是依據個案的情況，加入最具影響力的聯盟或團體。

非政治性聯盟對政治上的影響力亦不可小覷，以二〇〇〇年總統大選爲例，可明顯看出他們的重要性。我相信，這些非政治聯盟的意見喚起了外界大幅改革美國選舉制度的想法，甚至要求政府提出更明確的能源與環境政策，更要求政府全力支持先進技術的生物科技研究。

我們希望能與政府進行一場公平的辯論，說服政府同意醫療目的的人類複製研究，原本這項辯論將於八月十日在白宮舉行，卻在媒體的從中作梗下備受干擾。總統敦請參議院通過一八九九號的布朗貝克法案，明令禁止各種複製研究，參議員布朗貝克堅持：「我相信所有的人類複製都是錯誤的行爲，基於以下的原因，應禁止任何形式的複製研究。首先，唯有禁止人類複製研究，才能解決各項道德上的爭議；其次，複製之舉違反許多醫學道德上的基本原則，沒有任何一個人的生命應該被他人利用，或是爲了他人利益而誕生。」

不願政客利用弱勢者

總統身旁，穿著制服的是紐約市前警察局長史帝文．麥當勞(Stephen McDonald)，他在十六年前的一場槍戰中受傷，肩膀以下癱瘓。麥當勞局長是虔誠的天主教徒。他參加在白宮舉行的記者會，接受媒體採訪，他表示受傷事件完全是「上帝的旨意」，並呼應教宗對人類生命尊嚴的立場。

當我收看CNN的現場直播時，我對史帝文．麥當勞寄予無限同情。我還在凱斯勒復健中心治療時，他與家人曾排除萬難去探望我，對於重度癱瘓者的生活，他給了我很多有用的建議。像我這樣總是放心不下小孩的父親，尤其掛心年齡最小的威爾，我非常高興能見到史帝文．麥當勞的兒子康那(Connor)，在史帝文受傷時，康那還沒出生呢！雖然我們會面的時間很短，但當時九歲的他看來是個身心健康的小孩，而我也能感受到，史帝文行動不便，反而在他們之間形成更緊密的連結。史帝文的妻子派蒂．麥當勞(Patti McDonald)是黛娜極大的慰藉，她們多次交換意見，特別是關於照顧癱瘓者的家人和照護人員。

正因史帝文與我有這層關係，當我看到他在電視上被刻意安排在記者會中，談論著這樣的議題時，我實在感到痛苦萬分。我覺得他被利用了，政治人物總是利用弱勢者，以達成政治上的目的。有沒有那一位被選出的政治人物，不曾刻意讀書給小孩子聽，以讓媒體拍照呢？不過，醫療複製技術的議題，不僅是目前最具爭議性的話題，也引發了情緒、道德、宗教與政治上的關切，我認爲總統過度突顯他的影響力，特別是在他所籌設的生物科技小組尚未提出任何建議之前，他更不應貿然表態，這樣一來，我們又如何能夠期待會有一場公平的競爭呢？

我確定看到四月二十五日刊登在紐約時報，由達特摩斯大學認知神經科學中心主任麥可·吉扎尼加博士(Michael Gazzaniga)署名發表的文章後，頗有如釋重負的感覺。他是美國科學促進會與美國神經醫學會的成員，也是總統諮詢小組的重要成員之一。他寫道：

我相當驚訝的是，在四月十日那天，總統下令禁止所有複製科學的研究。很顯然地，他的意見已經成形，即使諮詢小組尚未取得共識並提出最終報告之前……有些宗教團體與衛道人士認爲，將細胞質進行移轉的那一刻起就是生命的起源，因此發展或培養細胞群組的同時，就等同於創造人類生命一般。以現代生物科技的知識來看這件事，這樣的觀點其實是有問題的。

我們甚至不認爲細胞群組等同於形成人類生命的胚胎，而且，我們目前亦得知，完成人類的再生前，至少需要取得至少百分之五十至八十的受精卵，並將它自母體中移除。令人難以置信的是，如果這是自然發生的流產，難道根據這些宗教信仰的規定，還要爲這些自然發生的事件舉行葬禮嗎？若是這些科學上的聚合物被視爲人類，就邏輯上而言，人類應該是……

由生物醫學複製技術創造出的生化細胞群組，就像是小寫的我（i）一樣，它根本沒有任何的神經系統，也沒有任何的情緒感應，也沒有成長爲人的機會與軌跡，它更不會被移植至母體的子宮裡，它所擁有的只是可能治癒疾病的機會，是數百萬人可能的生機。

當我加入諮詢小組時，這個小組被柯林頓總統命名爲「生物科技道德委員會」，我相當有自信的是，我們能在科學界的倡議之聲與代表不同意見的衛道人士間找到平衡點，能廣納各種不同的意見，最後並提出最適當的建議供總統採行，但我未想到的是，在諮詢小組內部尚未獲致共識前，就已經先聽到總統下的結論了。

別讓立法扼殺希望

這項議題的爭議熱度在二〇〇二年五月急遽升高。贊成布朗貝克法案的人士在猶它、北卡羅萊納、喬治亞、華盛頓州與華盛頓特區等地買下大量電視廣告，試圖獲得一般大眾奧援，並威脅準備連任與參加競選活動的參議員必須表態支持。

支持一八九九九號法案的團體，如家庭研究委員會等，則是不斷向一般大眾宣導，表示支持醫療複製技術與「殺死嬰孩」無異，會創造一個「人類胚胎農場」；反對者則聲稱，人體細胞神經的移植與培養完全不會發生他們所說的情況，並敦請參議院「別讓立法扼殺了希望」。

由知名民調業者卡瑞文公司(Caravan Inc.)做出的民調顯示，百分之六十八的美國民眾支持醫療複製研究的進行，反對者僅佔百分之二十八，另百分之四則無意見。反對者多半有相當虔誠的宗教信仰或道德理由，他們完全相信宗教者所倡議的思想，就像史帝文．麥當勞一樣，我認爲這些人士的想法必須獲得尊重。麻煩的是，有些參議員的立場總是搖擺不定，如共和黨參議員比爾．佛斯特(Bill First)，連提案人布朗貝克參議員的態度也有些反覆無常。

參議院次級委員會的聽證會開始前，布朗貝克參議員表態支持胚胎生殖技術的臨床研究，並強調：「我有許多朋友都有類似的經驗，他們並因而擁有相當健全的小孩」。參議員赫金則指出，在製造一對可植入母體的胚胎過程中，平均十個受精卵中，有八個都得丟棄，這本來就是醫療廢棄物。布朗貝克回應：「我知道多數人並不贊同墮胎，但我們還是應該把焦點放在複製技術上」。

根據疾病控制中心在一九九九年提出的報告「輔助生殖科技成功率」中，當年在堪薩斯州的五個胚胎生殖研究中心裡，一共有二百五十對夫妻成功生下小孩，爲了達成這樣的目標，至少超過六千個卵子被取出，其中大約有百分之七十的卵子被成功的培育與發展，製造了約四千個胚胎。在堪薩斯州的胚胎生殖研究中心裡，約有三分之一採集出來卵子被丟棄了，這項統計與全美約四百家胚胎生殖臨床醫院的平均水準差不多。也就是說，約三分之一胚胎會被冷凍起來，以備未來可能生殖的機會，其他三分之一則在捐贈者的同意下丟棄。根據美國生殖醫學會的公共事務主任西恩·提普頓(Sean Tipton)指出，在堪薩斯州的五個胚胎生殖研究中心裡，只有一家有胚胎捐贈計畫，此外，他估計美國在胚胎培育的歷史上雖然約有二十一年的歷史與經驗，但利用捐贈胚胎培育出小孩的家庭不會超過一百個。

關鍵參議員立場搖擺

如果布朗貝克參議員不知道這個事實，即使在他的家鄉，他都可能被質疑是否夠格提出這項法案？如果他得知，所有在堪薩斯州丟棄的胚胎都會被合法銷毀，他又怎麼能如此強烈地反對將未受培育細胞用在醫療複製技術的研究上？在與PBS公司人員查理．羅絲（Charlie Rose）的對談中，他把生存不到五天的細胞群組稱爲是「個別產物」，並建議前國家衛生研究院主任哈諾德．凡莫斯（Harold Varmus）同時參與此項計畫，還自告奮勇把自己當成實驗對象。

凡莫斯博士相當低調，不想讓媒體知道他在這個計畫中扮演的角色，於是我立即請教他要如何讓事情進行得更加順利。我詢問他這些問題，包括他是否受苦於必須應用醫療複製技術才能治癒的疾病？他是否願意透過截取皮膚細胞的方式，讓實驗機構取得他的DNA，讓他們據以進行細胞培養，以取得可能有辦法治癒他的幹細胞。

包括我在內的數千人都感到困惑的是，佛斯特參議員是參議院中唯一擁有博士學位者，使得他在參議院的同僚緊盯他對此案的看法，並以他的動向爲決定支持與否的依據。在參加了三月五日參議院舉辦的聽證會後，我們與佛斯特參議員進一步討論，他表示將全力支持胚胎幹細胞的研究。但我離開他的辦公室後，他卻對外聲稱人類胚胎幹細胞研究與醫療複製技術研究「不合理」，並強調他堅決反對任何形式的人類複製研究。

然而，在美國與全球絕大多數的研究人員與臨床實驗專家都曾發表相關報告與記錄，敦促各國政府開放醫療複製技術研究，他們表示，由於可能有效降低免疫系統對新注入人類幹細胞的排斥情況，這可能是最安全的治療方法。但參議員們藉由支持布朗貝克法案的機會，不只明令禁止醫療複製研究，更批評包括我在內的倡議者，認爲佛斯特參議員做出了錯誤的決定，不僅有違他的參議員身份，也違背了他出身醫界的立場。二〇〇二年五月，這些批評湧現時，佛斯特參議員正在政治名單上，他極有機會取代錢尼，成爲小布希總統下次競選時的副手搭檔人選，一旦他反對醫療複製研究的進行，將有更多的聚光燈集中在他身上。

未能站起來慶祝五十歲生日

我已經跨入半百之年了，對任何一個人的生命歷程而言，這都是個相當重要的里程碑，不幸的是，這個日子對我來說並沒有太大意義。早在七年前我就下定決心，希望能在這一天重新站起來，與每位爲我慶生的人以及協助我達成願望的所有朋友，共同舉杯歡慶，但事與願違。五十歲生日的晚上，我在家人與幾位朋友的圍繞下度過這個特別的日子，雖然還算健康，卻仍得與輪椅爲伍。

接近生日的幾個月前，朋友們都急著想知道我的復原情況如何了，他們更想知道我是否還記得我在一九九五年時許下的願望和承諾？有些科學家提供意見，他們表示，如果一九九八年首個人類胚胎幹細胞被分離出來時，國家衛生研究院立即獲准鼓勵或提供有關胚胎幹細胞研究，現在我可能已經站起來，慶祝我的五十歲生日了。而許多無解的疾病，也可能找到治癒的希望與機會。

我要很坦白地說，沒有必要執著在應該怎麼樣、可能怎麼樣或是絕對怎麼樣等想法上，我只想提出這個看似困難但並非無法達成的挑戰，而引起一場騷動，喚起科學家、政治人物與媒體對此事的反應。

典型在夙昔

我記得曾要求威斯．楊恩博士不須告訴我太多有關生殖藥物與脊髓細胞修護的複雜過程，我只要當個站在山頂上的傻瓜即可，即使我曾經答應要好好研究此事，以取得外界對我的信任。羅斯福總統雖是小兒痲痹症患者，但他預見與勾勒出一個更健康與更強大國家的願景，創設了國家衛生研究院，要求科學家們竭盡全力找出治療小兒痲痹症的方法。九年之後，第一劑小兒麻痹症疫苗被研發出來。

甘迺迪總統以人類登陸月球一事，爲人類科技歷史上豎立一個重要的里程碑，政府與民間部門超過四十萬人次共同努力，才讓尼爾·阿姆斯壯(Neil Armstrong)在一九六九年於月球上，踏出人類歷史上最重要的一步。的確，我可能太過天眞了，但至少在二十世紀，我還沒看到有那位政治家有足夠的資歷或政績，可以與過去這兩位偉大國家領導人並駕齊驅。

在這個世界上，包括科學家、醫生、復健師、政治人物、藥學專家、生物科技學家、大學教授、健康照護提供者，以及許多不知名的人士盡全力，投注所有心力想解決各項疑難雜症。我最不樂見的是，少數的政客主導了這個具有「眞實、正義與美國典範」的國家命運。

當我得知那些小型的製藥公司，受限於僅擁有科學家新發明的部分專利權，使得有關人類脊髓再生藥物的人體實驗計畫被迫延後二年以上，我感到憤怒異常。我們總無法等到實驗成果「長大成人」，在它還在嬰孩時期，就因爲缺乏足夠的奧援與養份而夭折。唯有科技進步與來自於政府部門的經費支援，才能讓科學上的各種可能性成眞。

治癒癱瘓是終極目標

當新科技與新概念誕生時，各界的道德爭議必然不斷，專利權與智慧財產權的訴訟亦會對新技術開發形成障礙，當新的治療方法出現，到真正應用到一般大眾身上，其間是相當漫長與艱辛的過程，相關人士也想盡早卡位，以便在醫療市場上分得一杯羹。如果我們不能及早解決這些政治、經濟上的爭議，遲早會讓這些計畫胎死腹中，陷入僵局，以致「天下無難事」變成「天下皆難事」。

維持希望需要絕佳的耐力、恆心與努力，遠超乎我原先想像。十八世紀的山謬．傑森寫道：「懷抱不切實際的希望，就得付出痛苦的代價；過度沈溺於期待之中，結局便是失望。」我們已經經歷了痛苦與絕望，這樣的痛苦還會再持續一段時間。

想以目前的生物科技醫療技術達成治癒癱瘓者的終極目標，不僅相當困難，更有一段長路要走，但我始終相信羅勃．甘迺迪說過的話：「未來絕對不屬於那些安於現狀、對身邊的人事物或基本問題漠不關心，或面對新想法與計畫時畏縮不前的人。相反地，未來掌握在那些熱情、理性思考、有勇氣，努力達成志願的人，他們也是美國社會中的典範人物。」

就在不久前，我寫了一篇有關希望的短文，這是一個在絕望情境下成功存活的故事，或許也是描敘我對新生活的感受的最佳方式。這篇文章名爲「燈塔」：

航行一向是我的最愛，我熱愛那種浮在水面上的感覺，船舶與大海似乎有融爲一體的和諧感，感受得到海浪與潮水的歡欣鼓舞，把陸地遠遠拋在其後。在船上與朋友共處是出航時最珍貴的時刻，我們一起在船上打拼、在大海中航行，培養了朋友之間的絕佳默契。

一九七八年秋末，朋友與我一同進行單桅帆船的航行，那次的航程從康乃狄克州到百慕達，我們一共有五個人參加這個旅程。我們從康乃狄克河展開航程，向東航向長島，在繞過蒙陶克後，轉而向南航行，尋找位於距加州外海約五百六十四英哩的小島。我們預期整個旅程大概要花四到五天的時間。

我們在午夜來臨前踏上了旅程，仔細評估過潮汐的變化與時間，並預期這次的退潮可以把帆船快速推向外海，並向長島方向航去。在微風吹拂下，我們約以十五海浬的速度前進，我們迅速地遠離陸地，經過了位於海邊的住家，看見房子逐漸隱沒於黑夜中，人們也進入夢鄉。

十月的夜晚，在華氏三十八度的冷冽大海中，我們得穿上毛衣、防風衣物等保暖。

我們披著毛毯享用熱騰騰的咖啡，下錨把船隻暫時固定住，以免受到洋流的帶領而走偏了方向。冒險行程就在眼前展開。

天將破曉之際，我們已經行經長島地區，並逐漸遠離蒙陶克，當蒙陶克消失在船尾可見的水平線下方時，我們知道，在未來的四天旅程裡，我們面對的將是一望無際的大海，不會看到任何陸地。

海風推動著帆船向西行進，速度提高到二十海浬，一切看來都是這麼的完美，我們向南航行，每小時約可前進十五英哩。我們輪流進行掌舵的工作，每人輪班四小時，然後休息四小時。

在船上的五人都是有經驗的航海老手，但在此次旅程之前，我們互不相識。其中有三位來自英格蘭，一位來自加拿大，他也是這艘帆船的主人，而我則來自美國。

之後兩天都是晴朗的好天氣，航程進行地相當順利，我們輪流下廚準備美味可口的餐點，讓大家填飽肚子、補充體力，經過了這些天的相處，我們也逐漸地熟稔了起來。

雖然這艘帆船上配備雷達與當時最先進的電子導航系統，我們依舊像過去數百年來的水手一樣，利用六分儀自行判讀追蹤航程。每隔幾個小時，我們就會利用高頻收音機收聽最新的氣象報告。到了第三天航程的下午，我們聽到了最不願意聽到的訊息。

有個颶風在北方形成了，它正朝向南方前進，在當天入夜前，就會到達我們現在所處的位置。我們的航行路線與颶風的路徑幾乎完全相同，於是我們立即移轉船舷，轉向右方全速前進，希望能夠降低颶風對我們帶來的衝擊與影響。

風速還未明顯增強前，先下起大雨，接著海浪也大了起來，有時捲起的大浪甚至比船身還高，有時我們就在浪頭上，像是被高高拋起。而突然間颳起的大風，讓帆船的前進速度暴增至三十到三十五海浬。所有人立即合力將帆收起，並放進帆篷裡，如此一來，我們的航行速度稍稍減緩，但對波濤洶湧的大海還是沒輒，在颶風威力最大的時候，我們所乘的帆船就好似從高山上下滑一樣，船首俯衝向下，幾乎完全跌落至浪花之中。

風雨交加之際，除了遠方似乎有些許朦朧的燈光之外，我們幾乎看不到任何東西，眼前盡是黑暗籠罩。在情緒完全緊繃的情況下，我們每個人的腎上腺素都快速增加，盡全力想把情況控制住。如果海水持續打進船身，電子導航系統恐怕很快就會失靈，如此一來，我們將無法在茫茫大海中判定方向與位置，不但不能完成此次旅程，更可能賠上性命。因此，當時最重要的便是保住我們的小命。

強風整整持續了一個晚上，威力並延續到隔天，只能用跌跌撞撞形容我們在船上的情況。我們躲到甲板下方，胡亂地找了些乾糧塞進肚子後，再爬到床鋪上去。唯一讓我們稍感安慰的是，藉著清晨的曙光，我們終於看清楚在我們周圍的混亂景象，雖然舵手位置處的羅盤被強風吹得前後搖晃，但我們大致還是抓得到我們的方向，帆船正向南航行，接下來，我們看到了燈光。

雖然燈光看來相當微弱，也離我們相當遙遠，唯有大浪把船身向上高高抬起時，我們才能看到燈光。雖然當時依舊大雨滂沱，但每當我們被打上浪頭時，所有人的眼睛都急切地搜尋著它。不久，我們發現燈光約每隔十秒閃爍一次，每次約持續兩秒，有人趕快跑到船艙內去查航海圖，原來，就在我們前方約四十英哩處，正是百慕達南安普敦處的吉伯山燈塔。

這座高聳、穩固的燈塔，就矗立在吉伯山上，指引往來船隻在惡浪與狂風交雜的暴風雨中，找出明確的方向，讓船隻別撞上陸地，並避開岸邊的暗礁。就如同我們一樣，在這樣惡劣的天候狀況下，燈塔指引著正在海上與惡浪博鬥的水手們，給予一條明路。看到燈塔就像被父母或久違的朋友緊緊擁抱一樣，我們不再擔心最先進的電子導航系統還有沒有辦法運作，只要我們看得到燈光，沒有人能讓我們輕易遠離這個溫暖的臂彎。

有些時候，其實是我們不曾料想到，必須面對排山倒海而來的艱鉅挑戰，深感苦惱。我們必定會懷疑自己，不知道該如何度過此一難關，很容易傾向放棄。這種時候，我們反而要找到堅持下去的意志力，讓事情持續進行。只要找到能夠激勵自己的方法，我們就會了解，不論我們距離目標有多遠，總有一天會到達目的地。

當超乎想像的事物發生時，燈塔就是希望，只要我們找到希望，我們就會以堅定無比的決心，朝它一步步邁進，就像是我們在狂風暴雨中見到的吉伯山燈塔一樣。希望是眞實、奠基於穩固的基礎之上的事物，就如同建築在高山上的燈塔，經得起任何的風吹雨打，永遠爲海上的水手們點亮希望。

希望與樂觀或期待並不相同，當我們擁有希望，我們就會發掘存在於內心深處的力量，讓我們能夠犧牲奉獻、忍受各項困難，並能夠全心全意的向家人、朋友表達你對他們眞誠的愛意。一旦我們選擇了希望，任何事都可能達成。就像在海中的我們一樣，遠方的燈塔始終屹立不搖，指引返家之路。

New Mind

匡邦文化 在閱讀與思考中創造未來

New Mind 01

絕不妥協

作　　者　克里斯多夫・李維
譯　　者　周俐玲
總 編 輯　林淑真
主　　編　廖淑鈴
編　　輯　潘慧嫺、蔡淩雯
內頁編輯　馮滿銀
出 版 者　匡邦文化事業有限公司
聯絡地址　116台北市羅斯福路四段200號9樓之15
E-Mail　dragon.pc2001@msa.hinet.net
網　　址　www.morning-star.com.tw
電　　話　(02)29312270、(02)29312311
傳　　真　(02)29306639
法律顧問　甘龍強律師
出版日期　2003年10月第1版第1次印行
總 經 銷　知己實業股份有限公司
郵政劃撥　15060393
台北公司　106台北市羅斯福路二段79號4樓之9
電　　話　(02)23672044、(02)23672047
傳　　真　(02)23635741
台中公司　407台中市工業區30路1號
電　　話　(04)23595819
傳　　真　(04)23595493
定　　價　230元

國家圖書館出版品預行編目資料

絕不妥協 / 克里斯多夫．李維(Christopher
Reeve)著 ; 周俐玲譯　　第一版．—臺北市
:匡邦文化，2003[民92]
面 ;　公分．—(New Mind ; 01)
譯自 : Nothing is impossible :
reflections on a new life

ISBN 957-455-537-2(平裝)
1. 李維(Reeve, Christopher, 1952-)
-傳記 2. 演員-美國-傳記

785.28　　92016631

讀者回函卡

您寶貴的意見是我們進步的原動力！

◎ 購買書名：絕不妥協

◎ 姓　　名：________________

◎ 性　　別：□女　□男　　年齡：　　歲

◎ 聯絡地址：________________　電話：________

◎ E-Mail：________________

◎ 學　　歷：□國中以下　□高中　□專科學院　□大學　□研究所以上

◎ 職　　業：□無　□學生　□教　□公　□軍警

□服務業　□製造業　□資訊業　□金融業　□自由業

□醫藥護理　□銷售業務　□大眾傳播　□ＳＯＨＯ　□家管　□其他

◎ 您從何處得知本書消息：________________

□書店　□報紙廣告　□朋友介紹　□電台推薦　□雜誌廣告　□廣播　□其他

◎ 您喜歡的書籍類型（可複選）：

□哲學　□文學　□散文　□小說　□宗教　□流行趨勢　□醫學保健　□財經企管

□傳記　□心理　□兩性　□親子　□休閒旅遊　□勵志　□其他

◎ 您對本書的評價？（請填代號：1. 非常滿意　2. 滿意　3. 普通　4. 有待改進）

封面設計________　版面編排________內容　________　文／譯筆________

◎ 讀完本書之後，您覺得：□很有收穫　□有收穫　□收穫不多　□沒收穫

◎ 您會介紹本書給朋友嗎？　□會　□不會　□沒意見

◎ 請您寫下寶貴的建議：

____

____

____

____